Katja Vosseler

Niemand liebt dich mehr als der, der dich schuf

KATJA VOSSELER

Niemand liebt dich mehr als der, der dich schuf

FINDE DEIN ZUHAUSE
IN GOTTVATERS LIEBE UND GNADE

Grace today Verlag

Die Deutsche Nationalbibliothek verzeichnet diese Publikation in der Deutschen Nationalbibliografie; detaillierte bibliografische Daten sind im Internet über http://dnb.dnb.de abrufbar.

Folgende Bibelübersetzungen wurden mit freundlicher Genehmigung der Verlage verwendet. Hervorhebungen einzelner Wörter oder Passagen innerhalb von Bibelzitaten wurden von der Autorin vorgenommen.

EÜ *Einheitsübersetzung der Heiligen Schrift*, Copyright © 2016 Kath. Bibelanstalt GmbH, Stuttgart.
GNB *Gute Nachricht Bibel*, revidierte Fassung, durchgesehene Ausgabe, © 2000 Deutsche Bibelgesellschaft, Stuttgart.
HFA *Hoffnung für alle* © by Biblica, Inc.®, hrsg. von Fontis.
LUT *Lutherbibel*, revidiert 2017, © 2016 Deutsche Bibelgesellschaft Stuttgart.
SLT Bibeltext der *Schlachter Übersetzung*, Copyright © 2000 Genfer Bibelgesellschaft.

Gestaltung: spoon design, Olaf Johannson
Illustrationen: Katja Vosseler
Autorenfoto: Sylvia Vosseler
Lektorat: Gabriele Kohlmann
Druck: CPI – Clausen & Bosse, Leck
Printed in Germany

1. Auflage 2019

Hardcover: ISBN 978-3-95933-124-1, Bestellnummer 372124
E-Book: ISBN 978-3-95933-125-8, Bestellnummer 372125

www.gracetoday.de

Inhalt

DANKSAGUNG

Ich danke Abba-Papa im Himmel, dass er mich mit so viel Geduld geheilt hat. Ich danke ihm für seine überfließende Hilfe, Unterstützung und Führung und dafür, dass er mich motiviert hat, zu leben, mein Leben zu genießen – und dieses Buch zu schreiben.

Ich danke ebenso meinem lieben Mann Jürgen, der mich sehr unterstützt hat und mir tagtäglich seine Liebe zeigt. Ich liebe dich und deine vertrauende, entspannte und kindliche Freude am Leben.

Ich danke meinen lieben Kindern Sylvia und Jens, die mich oft in Ruhe schreiben ließen. Sie haben mir, als sie noch klein waren, auf ihre kindliche Art geholfen, das Leben leicht und unbefangen zu leben. In ihnen durfte ich sehen, wie Gott mich als sein geliebtes Kind sieht.

Und ich danke Gerald, dem Bruder meiner langjährigen liebsten Freundin Manuela, der uns durch seinen Verlag die Möglichkeit zur Veröffentlichung dieses Buches gegeben hat.

Ich danke Gott, dass es euch alle in meinem Leben gibt.

VORWORT

Dieses Buch ist ein sehr persönlicher Erfahrungsbericht. Wenn du, liebe Leserin, lieber Leser, nicht weißt, wie es ist, einen guten, liebevollen und fürsorglichen Vater zu haben, möchte ich dir gerne zeigen, wie überaus groß Gottes Wunsch ist, genau diesen Mangel auszufüllen und der Vater zu sein, nach dem du dich sehnst.

Vielleicht macht dir der Gedanke von Gott als deinem Vater Angst, weil du durch menschliche Autoritätspersonen schon viel körperliche oder seelische Gewalt und Unterdrückung erlebt hast und befürchtest, dass auch Gott dir mit Ungeduld, Zorn und Strafe begegnet. Aber Gottvater ist ganz anders. Er ist die wahrhaftige, himmlische Antwort auf unsere oft unbewusste tiefe Sehnsucht, bedingungslos geliebt und angenommen zu sein. Deine Angst vor Gott als Vater können letztlich nur Jesus, der Heilige Geist und Gott-Papa selbst dir nehmen, aber ich hoffe, dir mit dem, was ich erlebt habe, ein klein wenig Mut machen zu können, dich auf ein Kennenlernen einzulassen.

Ich selbst hatte einen sehr schlechten Start ins Leben. Weil ich das Ergebnis einer gewaltsamen Zeugung war, versuchte meine Mutter mich abzutreiben. Das scheiterte zwar, führte bei mir aber zu einer unterschwelligen Todessehnsucht und zu großen Minderwertigkeitsgefühlen. Dazu kam noch sexueller Missbrauch von früher Kindheit bis ins Erwachsenenalter hinein. Auch was den Glauben betrifft, waren die Voraussetzungen denkbar schlecht – ein Elternteil war katholisch, der andere evangelisch; die Hälfte meiner Verwandtschaft bestand aus Zeugen Jehovas, die andere Hälfte aus Mormonen, und meine Großmutter hat vor dem zweiten Weltkrieg als Nonne gelebt. Unter solchen Bedingungen bekommt man als Kind eine Menge Dinge über Gott erzählt, die nicht immer positiv sind. Ich wuchs mit viel Angst vor dem Teufel und der Hölle auf und war ständig verzweifelt auf der Suche nach Geborgenheit und Annahme.

Doch all das Negative in meinem Leben konnte Gott nicht daran hindern, sich mir als liebevoller himmlischer Papa zu zeigen – ganz im Gegenteil. Er heilte all das Schlechte in meinem Leben und liebte mich mit großer Güte und Sanftheit gesund. Ich durfte zum ersten Mal erfahren, wie es ist, aus tiefstem Herzen bedingungslos angenommen zu sein. Er zog mich an sein Vaterherz, baute mein Vertrauen zu ihm auf und liebte mich liebevoll in das Leben zurück, das ich so oft beenden wollte.

Das und noch viel mehr möchte dein Vater im Himmel auch für dich tun. Er möchte auch in deinem Leben alle Lehren und Lügen des Teufels über ihn zunichtemachen, deine Traumata und Negativerfahrungen heilen und dich wieder zu einem fröhlich lachenden, vertrauensvollen Menschen machen.

Ich wünsche dir von ganzem Herzen, dass du dich auf diesen Weg mit ihm einlässt, an dessen Ende nur Gutes auf dich wartet, denn Gnade ist eine Liebe, die tiefer geht als alles andere.

Freue dich, denn der Vater im Himmel möchte dich mit seiner Liebe überschütten, dir helfen und dir zeigen, dass er ein guter Papa ist. Er liebt dich unendlich, weil du DU bist.

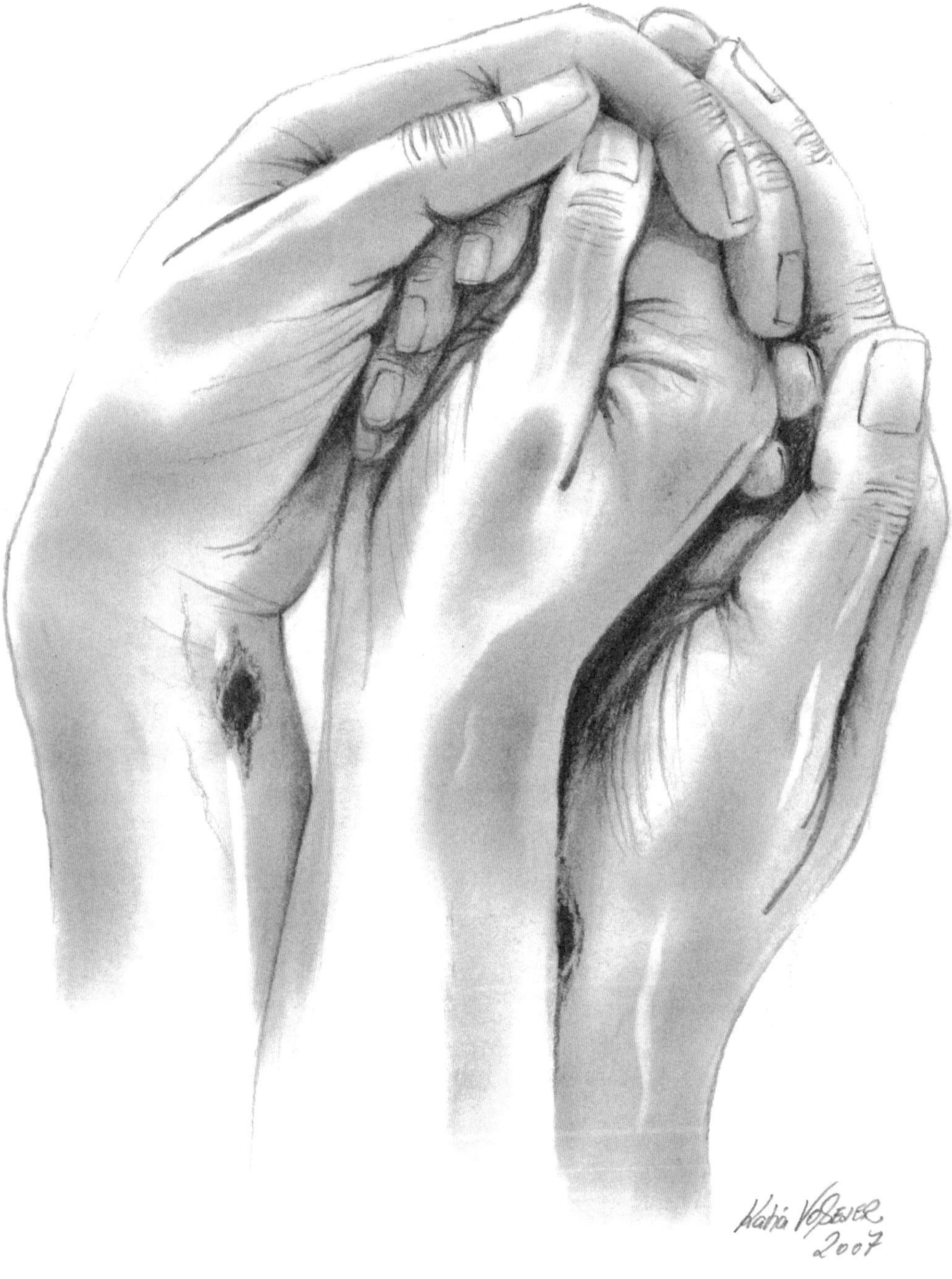

KAPITEL 1

Herz im Wind

Wenn ein Herz kein Zuhause hat,
kann es jeder Sturm in große Bedrängnis,
Angst und Verzweiflung bringen.
Wenn ein Herz keine wahre Liebe und Wärme kennt,
wird es irgendwann zu Stein.
Wenn ein Herz keinen heilsamen Trost erfährt,
zerfrisst es der Schmerz.
Gottes Liebe und sein sanftes, gütiges Vaterherz
wollen deine sichere Burg, dein Zuhause sein,
wo dein Herz heilen kann und du zur Ruhe kommst.

Katja Vosseler

KAPITEL 2

Brief an Dich

Gottvaters Liebe zu dir

Mein geliebtes Kind, für immer bist du in meinem Herzen, in meiner Gnade zuhause.

Du bist wunderbar gemacht, gewollt und mir so wertvoll.

Wenn du es möchtest, werde ich der Papa sein, den du nie hattest, dir aber tief in deinem Herzen gewünscht hast.

Erzähle mir, was dich bedrückt, und gib mir einfach dein bisschen Vertrauen, und dann sorgen wir beide zusammen dafür, dass es größer wird.

Vertrauen zu mir kann man nur durch die Erfahrung mit mir lernen, und Geduld ist das Vertrauen, dass alles in Ordnung kommt, wenn die Zeit dafür reif ist.

Ich segne jeden, der mir – meiner Liebe und meiner Gnade – wie ein Kind zu vertrauen beginnt.

Glaube heißt Vertrauen. Vertrauen auf einen geduldigen Gott und Vater, der nicht böse auf dich ist.

Ich kenne dein ganzes Leben und weiß, warum du dies oder jenes tust. Dennoch zeige ich dir jeden Tag, wie sehr ich dich liebe und von Herz zu Herz verstehe.

Ich möchte so gerne, dass du nah bei mir bist und entdeckst, dass ich ein liebevoller, guter Vater bin, dass es in unserer Beziehung nicht um Leistung oder darum geht, alles richtig zu machen. Sondern dass es um dich und mich geht, um die Wahrheit des Lebens, deinen Weg in meine Liebe hinein.

Denn ich bin die Liebe. Ich bin der Weg, die Wahrheit und das Leben.

Weil du mir wichtig bist, ist alles, was du tust, wichtig für mich. Auch das Nichtstun und das Genießen. Ich liege gerne mit dir in der Hängematte oder entdecke gemeinsam mit dir dein Leben und andere Menschen.

Jedes Mal, wenn du mit meiner Hilfe jemanden liebst, ihn ermutigst, ihm vergibst und ihn segnest, entsteht für dich eine Brücke in die Reife, Autorität, Freiheit und Leichtigkeit. Denn dann verändert sich die Welt um dich herum, und du setzt damit ewigen Segen frei.

Wenn du jemandem, der dich verletzt hat, die Hand reichst und dich neu öffnest, verändert sich dein Herz und das Herz des anderen.

Liebe verändert, und sie ist die stärkste Waffe im Kampf gegen alles Negative und Zerstörerische auf dieser Erde.

Durch Liebe und Warmherzigkeit wird ein Stück Himmel auf die Erde gebracht.

Du bist ein Stück Himmel, meine kostbare Gabe an diese Welt.

Entdecke dich selbst in meiner Liebe zu dir, und verändere die Welt um dich herum auf deine einzigartige und kostbare Weise.

Wage es, ein Leben mit mir zu leben, das dein Herz höherschlagen lässt. Erblühe darin und lass dich dabei nicht stressen oder belasten. Lass dich von himmlischer Fantasie und Kreativität entzünden.

Bitte mich und ich will dir geben.

Als dein Papa nehme ich deine Hand und sage dir: »Mein Kind, bei allem helfe ich dir.«

Dein himmlischer Vater

Niemand liebt dich mehr als der, der dich schuf.
Katja Vosseler

Jesus rief ein

Kind,

stellte es in die Mitte und sprach:

Ich sage euch nun:

Wenn ihr euch nicht ändert und werdet wie die Kinder,

so werdet ihr nicht in das Reich der Himmel kommen!

Wer nun sich selbst erniedrigt,

so klein und demütig sein kann wie ein Kind,

der ist der Größte im

Himmelreich.

nach Matthäus 18,2–4

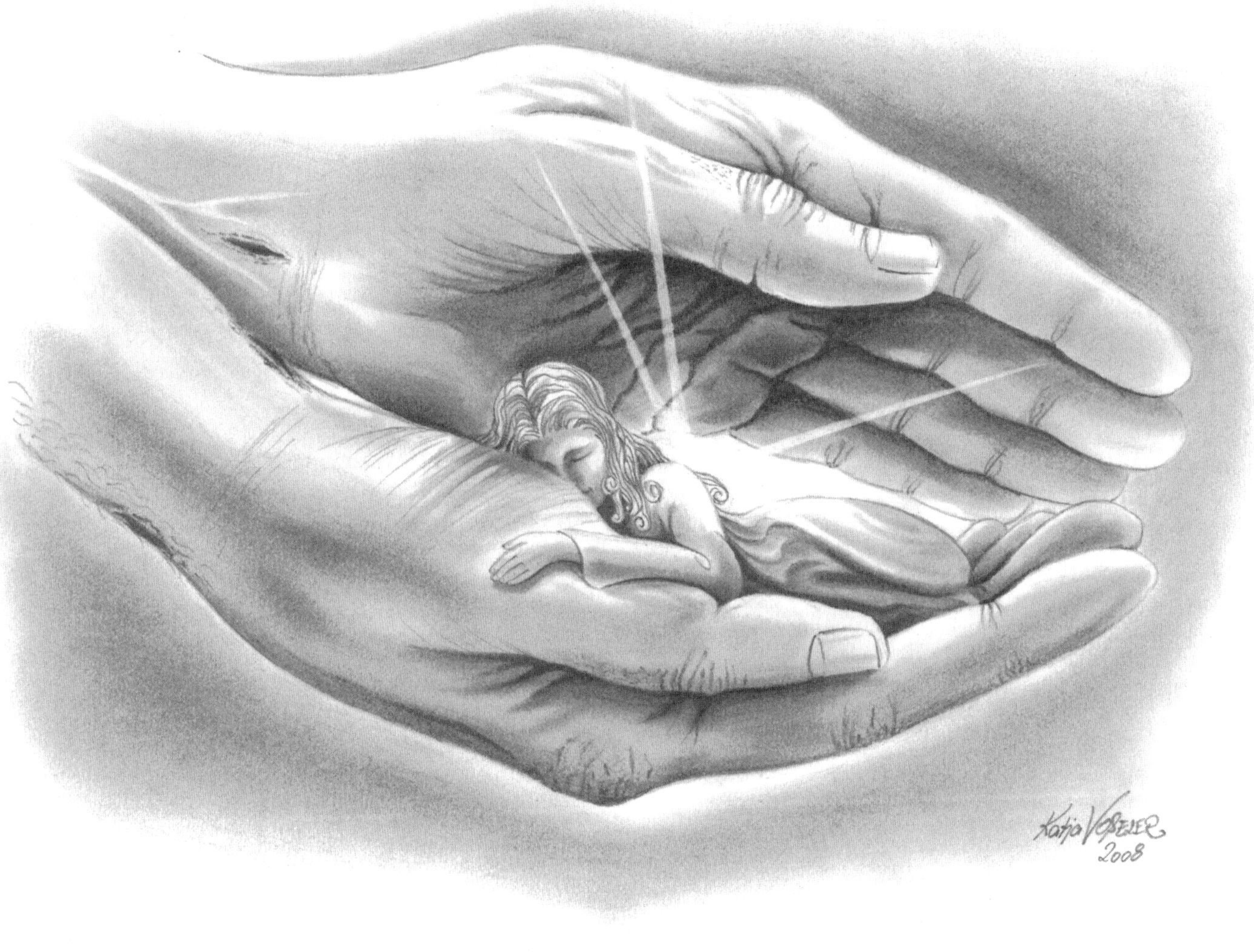
Katja Voßeler
2008

KAPITEL 3

Gottvaters liebende Hände

Wie ich Gottvater kennenlernte

Dies ist ein geistlicher Erfahrungsbericht, der durch persönlich Erlebtes offenbart, mit wie viel Liebe, Geduld und Kreativität Gottvater ein zutiefst verletztes Kind behutsam zu sich führte.

Es ist eine Heilungs-Geschichte für Frauen und Männer, für Kinder Gottes, die aus menschlich falschen, zerstörerischen Vaterbeziehungen (aus Gewalt und sexuellem Missbrauch) in die liebende, gesunde göttliche Vaterbeziehung eintreten wollen.

Menschenhände waren es, die mir unzählige Male gedroht hatten, die mich begrapscht, zurückgewiesen, missbraucht und mir weh getan hatten, doch ich durfte durch eine wunderbare Erfahrung der Gnade erkennen: Gottvater hat liebevolle Hände.

Es ist erstaunlich, wie Gottvater verletzte, harte Herzen weicher machen kann. Mir hat er durch die Erkenntnis meiner Schwachheit und meines Unvermögens dazu verholfen. Meine Vergangenheit war chaotisch und oft lieblos gewesen. Mehrmalige Umzüge hatten mich entwurzelt und heimatlos gemacht. Dazu kamen Ablehnung – schon im Mutterleib –, Mobbing und sexueller Missbrauch. All das ließ mich zu einem hartherzigen Menschen werden.

Hart zu mir selbst und zu anderen.

Als Achtjährige durfte ich jedoch nach einem traumatischen Erlebnis, einer Vergewaltigung, eine außergewöhnliche Erfahrung machen:

Ich stand vor einem riesigen Tor, das von zwei Engeln flankiert wurde, die es für mich öffneten. Durch das Tor hindurch betrat ich etwas, das mit seiner herrlichen Blumenwiese und den mächtigen Bäumen, die ein natürliches Dach bildeten, wie eine Kathedrale aus üppigem, lebendigem Grün wirkte. Diese atemberaubende »Naturkathedrale« ging ein Stück weiter in einen riesigen Thronsaal über, der voller Herrlichkeit und mit Kostbarkeiten gefüllt war. Die Pracht um mich herum nahm ich aber nur am Rande wahr, weil ich mich auf die Person konzentrierte, die ich in diesem schier endlos wirkenden Saal auf einem Thron sitzen sah. Die Person auf dem Thron wirkte erhaben und leuchtete von innen heraus. Ich lief, von Ehrfurcht ergriffen, als winziges, etwa handgroßes Menschenkind auf den Thron zu. Ich wusste instinktiv, dass diese göttliche Person Jesus oder der himmlische Vater sein musste. Als ich bei ihm – Jesus oder dem Vater – angelangt war, nahm er mich in seiner Hand hoch und setzte mich auf seinen Schoß. Liebevoll hob er mit dem Zeigefinger mein Kinn an, damit ich ihn anschauen würde. Erst zögerte ich, sah dann aber nichts als Licht und Liebe aus diesem Gesicht strömen. Unendliche Liebe, Zärtlichkeit, Güte, Barmherzigkeit, Annahme, die frei von aller Anklage war, hüllten mich ein. Ich schmolz wie Eis in der Sonne dahin. Wie ein Kätzchen rollte ich mich auf dem Schoß zusammen. Nie mehr wollte ich von dort weg. Ich hatte meine Heimat gefunden. Auf diesem himmlischen Schoß lag ich einige Zeit, und diese übernatürliche, wunderbare Liebe half mir zu überleben und weiterzuleben. Ernüchtert wachte ich in meinem Bett wieder auf. Doch nun wusste ich, wohin ich wollte, wohin ich gehörte. Monatelang lief ich nun Pfarrern und Pastoren hinterher, um sie zu fragen, was das gewesen war und was es bedeutete.

Leider glaubte niemand einer Achtjährigen.

2003

Als Jugendliche war ich Punkerin, auch später noch zog ich immer gern militärisch anmutende Kleidung an, Hauptsache, sie wirkte nicht feminin. Ich war oft wie ein in die Enge getriebenes verletztes Tier, das sich zu wehren versuchte. Ich wollte perfekt sein, um Annahme und Zuwendung zu bekommen, und erlaubte mir nicht, schwach und fehlerhaft zu sein. Daher war ich oft sehr angespannt und nicht selten kurz vor der völligen Erschöpfung. Vor anderen zu weinen verbot ich mir strengstens. In meiner Vorstellung war Schwäche zeigen mit Scham und Schande verbunden. Tagsüber arbeitete ich als Heilerziehungspflegerin und nachts als Go-go-Girl in Diskotheken; dort tanzte ich auf Podesten, dem Bartresen, an Tischen oder an der Stange. Ich definierte mich über Leistung, mein Äußeres und die Zuneigung von Männern. Auch dann, wenn diese Zuneigung nur aus Sex, Missbrauch oder Gewalt bestand. Mein Stolz verbot es mir, mein wahres Gesicht zu zeigen. Schwach und bedürftig zu sein, Hilfe zu brauchen, erlaubte ich mir nur in meinen Träumen. Später, als ich durch viele Jahre der Glaubenserfahrungen und im Glaubensprozess die Neugeburt in Jesus erlebte, verlor ich mich mit der gleichen Energie und Entschlossenheit in der Gemeindegründung, im Dienst und in dessen Aufbau. Alles andere trat in den Hintergrund, die Beziehung zu Jesus begann immer mehr zu leiden, aber auch die Beziehung zu meiner Familie, meinen Kindern und zu mir.

Als sich die Gemeinde spaltete und letztlich auflöste, überkamen mich einige Male Todesgedanken. Ich hatte drei Burnouts und erlitt einen völligen Zusammenbruch, bis ich endlich merkte, dass ich dringend Hilfe brauchte. Ich war wie ein weißes Blatt Papier, auf dem alle herumkritzelten. Ich wurde ständig von anderen bestimmt, und ich ließ es zu, weil ich mich selbst überhaupt nicht kannte. Ich hatte keine Meinung über mich selbst und wusste nicht, wer ich eigentlich war. Mir war nicht klar, welchen Wert ich hatte oder was mich ausmachte. Ich hatte wenig Ahnung davon, was mir in meinem Herzen gefiel oder welche Gaben und Vorlieben ich hatte. Ich fragte mich, ob da neben Jesus noch jemand anderes war. Jemand Kraftvolles, bei

Katja Vogler 09

dem ich sicher geborgen wäre. Ich wollte an Gottvater denken, aber aufgrund meiner Vergangenheit verursachte mir das Gänsehaut und Unbehagen. Ich wünschte mir nichts sehnlicher als einen Vater, aber gleichzeitig wollte alles in mir vor ihm davonlaufen. Meine Beziehung zu Männern wurde immer distanzierter und kälter. Mir stand immer öfter der Angstschweiß auf der Stirn, wenn ich mit einem Mann allein in einem Raum war, egal, ob ich ihn kannte oder nicht. Tiefe Depressionen und zahlreiche Angstzustände engten mein Leben immer mehr ein. Alles wurde immer extremer und ich bat Jesus inständig um Hilfe. So wollte und konnte ich nicht weiterleben. Da begann Gottvater seinen liebevollen Heilungsplan für mich in die Tat umzusetzen. Nach einer Zeit der Heilung in christlichen Seelsorgehäusern erlebte ich im Geist eine wunderbare, fantastische Offenbarung der Liebe Gottvaters zu mir. Einer Liebe, die all meine Ängste zerbrach und sich heilsam wie eine Salbe auf mein geschundenes Herz legte. Weil diese wahre Geschichte so eindrücklich, kreativ und einfühlsam ist, möchte ich sie mit allen teilen, die aus falschen Quellen leben: die menschlich Schwachen, die negativen Vaterbildern und Vorbildern, Leitern, Lehrern und dergleichen ausgeliefert sind und sich ihnen immer wieder ausliefern, und denen es noch schwerfällt, Gott als vollkommenen und liebevollen Vater zu erkennen und ihm auf diese Weise zu begegnen.

Die Offenbarungs-Geschichte

Ich lief als Braut Christi durch einen Wald und wartete dort auf einer Lichtung auf meinen Liebsten.

Nach einer Weile kam Jesus, in großer Herrlichkeit auf einem weißen Pferd sitzend, als mein Retter durch das Dickicht. Seine Schönheit war atemberaubend. Er hob mich hinter sich aufs Pferd, ich schlang meine Arme um ihn und war überglücklich, bei ihm zu sein.

Ich bemerkte, dass wir vom Wald in ein großes Tal hinabritten, das mit Geröll und großen Felsbrocken übersät war. Mir fiel auch auf, dass ich immer kleiner wurde, je länger wir unterwegs waren. Ich war nun nicht mehr die erwachsene Braut, sondern ein kleines Kind von drei oder vier Jahren. Ich hatte ein Kleidchen an, eine Art Dirndl mit Schürze.

Es war ein Bild, das Innigkeit ausstrahlte, wie ich da auf dem Pferd hinter Jesus saß, meinen Kopf an ihn schmiegte und mich mit meinen Ärmchen an ihm festhielt.

Nachdem wir einige Zeit durch dieses Geröllfeld geritten waren, das Jesus mir als meinen Herzenszustand erklärte, ging es bergauf. Als ich aufblickte, sah ich weit oben eine mächtige Burg.

Nach Stunden erreichten wir den prächtigen Burghof. Auf dem Pferd sitzend sah ich mich staunend um. Jesus war schon abgestiegen und stand nun lächelnd und mit ausgebreiteten Armen da und wartete darauf, dass ich mich hineinfallen ließ. Also rutschte ich einfach vom Rücken des Pferdes direkt in die Arme von Jesus. Er lachte und trug mich über den Hof.

In der Burg liefen wir dann durch viele Gänge und Säle, bis wir in einem langen Gang ankamen, der auf der rechten Seite von Fenstern gesäumt war und links nur eine einzelne Tür aufwies, die das Ausmaß eines Tores hatte.

Als wir vor dieser großen Tür ankamen, sah ich Licht daraus hervordringen, das heller war als das Licht, das durch die gegenüberliegenden Fenster fiel. Dieses helle Licht drang durch jede noch so kleine Ritze der Tür. Es schien von einer übernatürlichen Kraftquelle gespeist.

Der Vater ist dort drin, das wusste ich.

Und Jesus ermutigte mich, durch die Tür hineinzugehen.

Ich schüttelte jedoch den Kopf, das war mir alles nicht geheuer und auch viel zu hell. Ich sah Jesus mit einem Gemisch aus Angst, Neugier und großer Sehnsucht an.

Ich würde ja Vaters Gesicht und Augen zu sehen bekommen, wovor ich große Angst hatte. Jesus zeigte Geduld und Verständnis. Er sagte: »Vielleicht ein anderes Mal«, und führte mich wieder weg.

Am nächsten Tag nahm Jesus mich wieder zu der torartigen Tür mit.

Doch dieses Mal ist kein gleißend helles Licht zu sehen. Jesus gibt mir eine Laterne in die Hand und fragt mich: »Traust du dich jetzt, hineinzugehen?« Ich nicke. Er macht die Tür auf und ich sehe, dass der Raum dahinter nur schwach von einem schummrigen Licht erhellt wird. Ich nehme meinen ganzen Mut zusammen und blicke genauer hinein.

Als sich meine Augen an die Dunkelheit gewöhnt haben, kann ich einen Saal erkennen, mit einem riesigen Ohrensessel darin, der mit dem Rücken zu mir steht.

Ich rufe: »Papa!«

Nun höre ich den Vater in einer mir liebevoll vertrauten Stimme zu mir sagen: »Katja! Mein Kind, du bist da!!!«

Zuerst bin ich überrascht, erkenne dann aber, dass er ganz bewusst die Stimme eines mir sehr vertrauten und liebgewordenen Menschen benutzt, um mich nicht zu verschrecken. Dieses geschickte Vorgehen hilft mir nun enorm, meine Angst vor seiner Stimme abzubauen. Ich husche ins Zimmer, hinter den Ohrensessel.

Ich lehne mich an den Sesselrücken und fange an, mit dem Vater zu reden.

Er spricht dabei unendlich liebevolle Worte zu mir, die mein Herz so sehr berühren, dass ich fast weinen muss. Doch ich schaffe es, die Tränen zu unterdrücken. Alles fühlt sich ein wenig unheimlich an.

Nach einer Weile bedanke ich mich und gehe wieder zu Jesus, der am Eingang auf mich wartet.

Am nächsten Tag stehe ich mit Jesus erneut vor der Tür und rufe »Papa!« ins Dunkel hinein.

Als Antwort höre ich wieder seine sanfte, einladende Stimme, die mich bei meinem Namen ruft.

Rasch laufe ich wieder hinter den Ohrensessel, aber der Vater bittet mich, doch noch etwas näher zu kommen.

So wage ich es, mit der Laterne in der Hand, mich seitlich unterhalb der Armlehne hinzusetzen. Der Vater redet voller Güte mit mir und versichert mir, ich bräuchte keine Angst zu haben. »Ich schaue immer liebevoll auf dich, mein Kind, und habe stets nur Gutes für dich«, sagt er.

Darauf gestehe ich ihm: »Papa, ich habe aber Angst vor deinen Augen und vor deinem Mund.«

Plötzlich sehe ich seine linke Hand von der Armlehne herunterhängen.

Ich bekomme Angst, die sich jedoch ganz plötzlich in eine unsagbare Sehnsucht danach verwandelt, von dieser Hand liebkost und gestreichelt zu werden.

Mein ungestilltes Bedürfnis lässt mich leise weinen, und ich merke dabei, dass ich mich wegen meiner Tränen schäme.

Sachte senkt der Vater seine Hand bis auf den Boden, wobei die Innenfläche nach oben zeigt. Lange schaue ich mir seine Hand an.

»Hab keine Angst. Schau, du kannst sie anfassen und dich sogar in sie hineinlegen«, sagt er sanft und liebevoll zu mir. Also stehe ich auf und umrunde sie, mit meiner Laterne in der Hand, um sie genauer zu betrachten. Ich achte darauf, ja nicht nach oben zu schauen, weil ich es nicht ertragen könnte, in das Gesicht des Vaters zu blicken. Nach einer Weile bedanke ich mich bei ihm und laufe zurück zu Jesus an der Tür.

Wieder einmal stehe ich vor dieser großen Tür, als plötzlich eine böse graue Hand durch das gegenüberliegende Fenster bricht und mich zu packen versucht, um mich zu missbrauchen. Ich stürme durch die Tür in den Thronsaal des Vaters und schreie um Hilfe. Da hebt mich Jesus schützend bis zur Decke des Thronsaales hinauf und ich sehe, wie der Vater, der eine gleißend helle Lichtscheibe vor dem Gesicht hat, sich allmächtig und souverän zu der hässlichen Hand dreht, die sich immer noch vor dem Eingang befindet, aber nicht in den Thronsaal darf, und sie erhaben anblickt. Augenblicklich verdorrt sie und zerbröckelt in tausend Stücke. Nun lässt mich Jesus wieder von der Decke herab und die helle Lichtscheibe vor Papas Gesicht wirkt etwas gedämpfter und taucht den Saal wieder in ein angenehmes, beruhigendes Licht.

Schnell laufe ich zu Papa an den Sessel und lasse mich dort nieder.

Seine liebevollen Worte, die er zu mir spricht, beruhigen und umhüllen mich.

»Hab keine Angst mein Kind, mein Kleines. Ich liebe dich, ich bin da und habe alles unter Kontrolle. Ich habe dich bei deinem Namen gerufen, du bist mein. Ich freue mich sehr, dass du mich um Hilfe gerufen hast. Diese Hand ist für immer aus deinem Leben genommen. Sie kann dir nicht mehr schaden. Ich sehe deine Angst, deinen Mangel, deine Schmerzen und deine Tränen. Niemals musst du dich bei mir für sie schämen.« Seine Worte dringen tief in mein Herz und helfen mir, ihm noch mehr zu vertrauen.

Nun legt er wieder seine Hand an die Armlehne, damit ich sie sehen kann. Doch ich sage: »Papa, ich will noch nicht zu deiner Hand. Aber zu deinen Füßen sitzen, das könnte ich mich trauen.« So lädt er mich ein, zu seinen Füßen Platz zu nehmen. Ich schaue sie mir ganz genau an, setze mich auf sie und studiere alles sorgfältig. Obwohl ich sein Gesicht nicht sehen kann, merke ich bei all dem, wie er mir liebevoll und voller Zuneigung zusicht. Seine Augen ruhen voller Liebe auf mir. Das lässt mich noch mehr Vertrauen zu ihm fassen und der Zweifel schwindet immer mehr aus meinem Herzen. Nach einer Weile sehe ich wieder seine bis zum Boden gesenkte Hand, die mich einlädt, sie zu berühren. Ich stehe auf und laufe zu ihr hin und setze mich neben sie. Sie ist um ein Vierfaches größer als ich, aber ich spüre, dass Liebe von ihr ausgeht. In meinem Herzen spüre ich immer mehr den Drang, sie anzufassen. Sie sieht so lieb aus und so zärtlich. Große Sehnsucht überkommt mich und die Atmosphäre um mich herum scheint sich elektrisch aufzuladen. Plötzlich meine ich, Jesus direkt hinter mir wahrzunehmen, und weiß gar nicht, wie es dazu gekommen ist. Er hilft mir, die Hand zu berühren. Nun lasse ich mich nach hinten an die Brust Jesu fallen und komme dabei in eine solch große Tiefe im Geist. Große Ruhe überkommt mich. Mir ist ganz schwindelig. Plötzlich scheint aus der Hand des Vaters eine zweite, durchsichtige Hand zu steigen und mich zu bedecken. Es ist wohl der Heilige Geist, wie ich beruhigend in meinem Herzen spüre. Nun habe ich keine Angst mehr. Alles ist ruhig und ich falle in eine Art ohnmächtige Verzückung, die sehr heilsam in mir wirkt.

Als ich am fünften Tag wieder vor dem großen Eingang stehe, grinst Jesus über beide Ohren und winkt mich freudig in den Thronsaal hinein.

Er sagt: »Schau mal, was der Vater für dich vorbereitet hat.« Als er die Tür öffnet, sehe ich neben Vaters Sessel ein kleines Tischchen, das wunderschön gedeckt und mit vielen kleinen Leckereien vollgestellt ist.

Alle meine Lieblingssüßigkeiten: Lebkuchen, Eis, feine Getränke, und eine Kerze steht auch noch dabei.

»O Papi, was hast du gemacht?«, rufe ich lachend und laufe voller Begeisterung zu ihm und schaue mir alles mit großen, staunenden Augen an.

»Komm, mein Kind«, sagt er sanft und freudig. »Na, willst du mit mir essen?«, lädt mich der Vater freundlich ein. »O ja!«, antworte ich. »Darf ich dich füttern?«, fragt er.

Nun merke ich, dass mir das eigentlich zu viel wird und ich doch lieber nein gesagt hätte.

Verlegen traue ich mich aber schließlich, meine Angst auszusprechen.

»Aber dann sehe ich ja dein Gesicht«, stammele ich.

»Wie wäre es, wenn du einfach die Augen schließt?«, schlägt Papa vor.

»Ja, das ist gut«, stimme ich zu und starre auf die Süßigkeiten.

Ich setze mich und schließe die Augen. Und dann füttert er mich mit allem, was auf dem Tisch steht. Liebevoll, geduldig und gütig geht er dabei vor. Mit warmer Stimme versichert er mir immer wieder: »Meine Hände sind liebe Hände, mein Sonnenschein. Bitte glaub mir das.« »Ja, Papa«, nicke ich und esse schmatzend weiter. Und jedes Mal, wenn seine Hand, die unglaubliche Liebe ausstrahlt, mir beim Füttern ganz nah kommt, wird mir so warm ums Herz, dass ich innerlich zu schmelzen beginne, weil ich mich so danach sehne, von ihr gestreichelt zu werden.

Nachdem er mich eine ganze Weile liebevoll gefüttert hat, senkt Papa seine Hand wieder erwartungsvoll zum Boden hinunter. In meinem Herzen geht es hin und her – soll ich oder soll ich nicht? Kann ich mich dieser Hand noch einmal nähern? Dann wage ich es doch.

»Papa, aber nur mit Jesus zusammen«, bitte ich mit Herzklopfen und noch etwas unsicher in allem. »Aber natürlich, mein Kleines«, beruhigt er mich. Jesus kommt und ich lege mich neben Papas Hand und Jesus legt sich hinter mich. Nun richtet der Vater seine Hand seitlich neben mir auf. Ihre liebende Anziehungskraft ist enorm. Die Hand scheint nun so groß wie Jesus zu sein.

So lag ich als kleines Kind im Schutz von drei allmächtigen Wesen: meinem Vater, der mich und das ganze Universum erschaffen hat, meinem Retter und meinem Tröster, und sie gaben mir alle Zeit, die ich brauchte. Lange lagen wir so da, ich weiß gar nicht wie lange; die Zeit schien still zu stehen. Dann plötzlich krümmte der Vater den kleinen Finger.

Ich hatte die ganze Zeit mit mir gekämpft, ob ich seine nun so große Hand anfassen sollte, aber ich schaffte es nicht. Jetzt aber lag sein kleiner Finger nur wenige Zentimeter entfernt vor mir. Auf einmal spürte ich, wie sich meine Hände ganz von selbst um seinen Finger legten. Und dann rollte ich mich auf der Seite liegend um diesen Finger und alle Dämme brachen. Ich weinte und weinte und weinte. Ich sah und spürte nach einer Weile, dass wieder diese durchsichtige Hand kam und mich zudeckte.

Nach einer Pause weinte ich erneut. Ich lachte, küsste den kleinen Finger meines Vaters und weinte weiter. Unendliche Ruhe war über mich gekommen und ich konnte endlich völlig entspannt in der Liebe Gottes liegen. Das kannte ich von mir selbst nicht. Nach einer ganzen Weile dachte ich, ich müsse jetzt gehen. Aber ich wollte nicht gehen. Ich wollte für immer dortbleiben.

»Bitte«, bat ich zaghaft, »ich will nicht weg von hier. Bitte Jesus, können wir nicht bleiben?« Tränen übermannten mich wieder und ich war im Herzen so tief berührt wie noch nie zuvor in meinem Leben.

»Aber ja, mein Kind, dann schlafen wir hier«, antwortete Jesus mir mit Freude.

Erleichtert lächelte ich und rollte mich wieder um Papas Finger und weinte weiter. Alle Tränen der Sehnsucht, der Einsamkeit, der Verlassenheit und der Ablehnung, die ich bis jetzt unterdrückt hatte, quollen nun aus mir heraus. Jesus lag hinter mir, und das Ganze war ein einziger glücklicher, wenn auch tränenreicher Moment.

Mein Herz war so voller Friede und Glück, wie ich es noch nie erlebt hatte.

Da sagte der Vater zu mir: »Ich bin so glücklich.« Und es ging eine unglaubliche Kraft, aber auch Sanftheit von seinen Worten aus.

»Worüber bist du glücklich, Papa?«, fragte ich ihn.

»Darüber, dass du jetzt schon bei mir bleiben willst«, antwortete er leise.

Und ich glaube – er weinte.

Nach einigen Tagen laufe ich wieder zum Vater an den Sessel und Papa begrüßt mich schon. Ich setze mich wieder seitlich neben ihm nieder und streichle den Sessel, es ist ja schließlich der Sessel meines Vaters. Dann spricht Papa zu mir und ich sehe wieder seine Hand an der Lehne.

»Mein süßer Schatz, mein Sonnenschein, weißt du, was ich gerne tun würde? Ich würde so gerne deinen Rücken streicheln und deinen Nacken, der ist ganz verspannt.«

Die Worte verursachen ein merkwürdig sehnsüchtiges Gefühl in meinem Bauch und ich weiß nicht, ob ich sie an mich heranlassen soll. Er fragt aber nicht weiter nach, was mich beruhigt.

Nun senkt er seine Hand wieder zum Boden hinunter, bereit für meine Erprobungen.

Vorsichtig laufe ich hin und setze mich neben Papas kleinen Finger, den ich ja schon kenne.

Nachdem ich ihn eine Weile betrachtet habe, berühre ich ihn vorsichtig und schlinge dann meine Arme um ihn. Ich fange sogar richtig überschwänglich an, ihn zu beschmusen. Dann setze und lege ich mich auf ihn und schmuse weiter. Ich stehe auf und laufe zu jedem einzelnen Finger, berühre ihn, lache und nenne ihn laut beim Namen. Papa schaut mir bei allem geduldig und liebevoll zu. So laufe ich vom Daumen wieder zurück zum kleinen Finger. Ich setze mich und lehne mich an, probiere alles aus, gehe zur Handfläche, setze mich daneben, und berühre sie vorsichtig. Nachdem nichts geschieht, lege ich, soweit mein kleiner Arm reicht, meine Hand hinein.

»Nicht wahr, Papa, deine Hand ist nicht böse?«, frage ich testend.

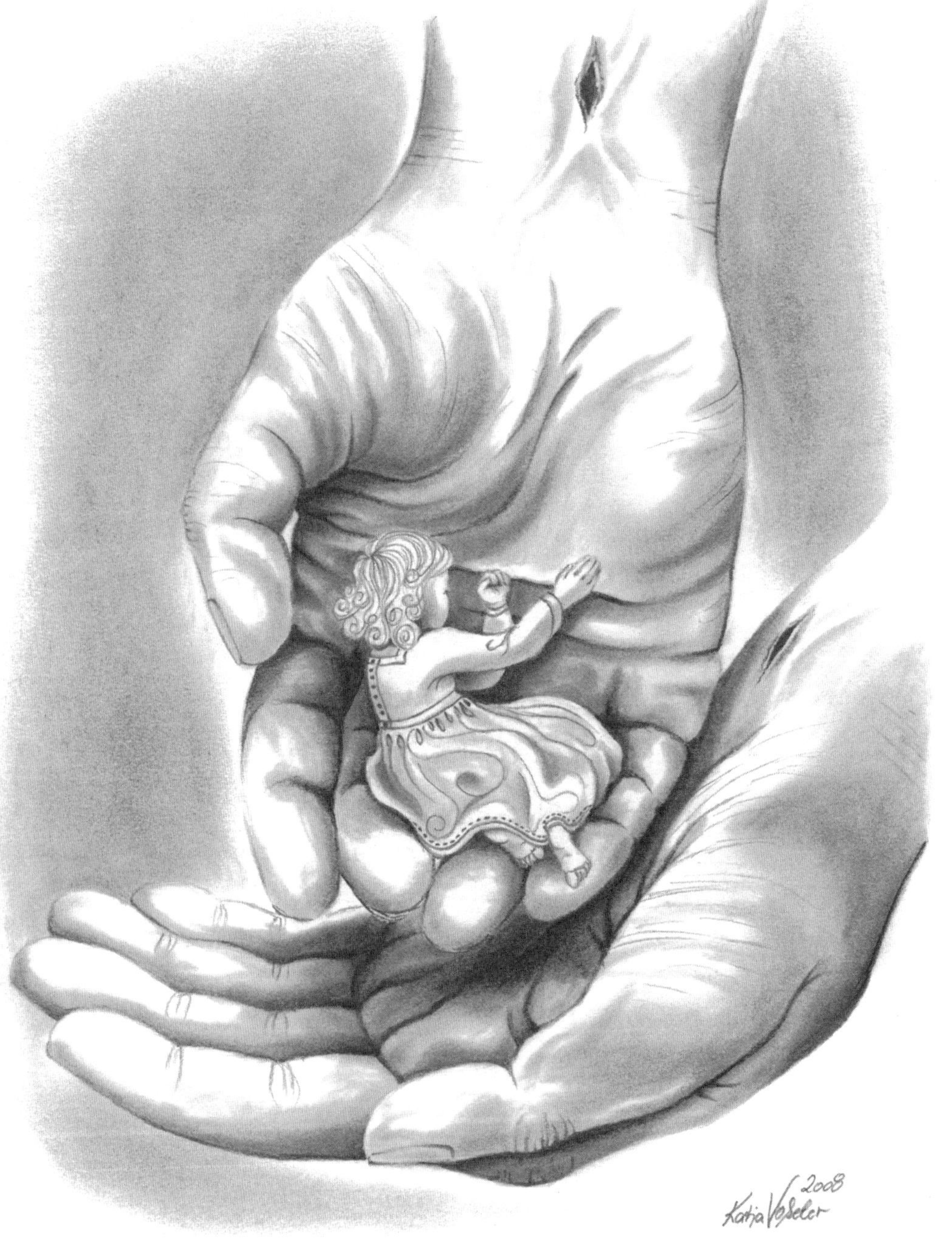

»Nein, mein Liebes, meine Hände sind nicht böse«, höre ich ihn liebevoll antworten.

»Darf ich heute Nacht wieder neben deiner Hand schlafen?«, frage ich, und er willigt ein.

Einige Wochen später, als ich schwach und im Halbschlaf im Bett liege, kommt Jesus, hebt mich auf seine Arme und trägt mich zum Vater. Zu seiner lieben Hand. Die liegt nach oben geöffnet auf dem Boden.

Vorsichtig setzt sich Jesus, mit mir in seinen Armen, an den Rand der Handfläche. Zwischen Daumen und Zeigefinger. Behutsam legt er meinen Kopf auf die Daumenspitze.

Er hält mich aber weiter umarmt und alles um mich herum ist in tiefe Liebe getaucht. In der Hand des Vaters ist Wasser und Öl und Jesus nimmt etwas davon und lässt es vorsichtig über mein Gesicht laufen. Dann wäscht er mich damit. Ich werde nun richtig wach und Jesus beruhigt mich gleich: »Du bist mit mir an Vaters Hand. Ist das schön, mein Liebes?«

Ich nicke und weine, berührt von der übergroßen Liebe des Vaters, und merke dabei, wie ich mich entspanne. Ein leises, wohliges Lächeln kehrt auf mein Gesicht zurück.

»Du musst dich nie fürchten, mein Kind, alles wird gut«, höre ich Vaters sanfte Stimme.

»Du bist hier ganz sicher«, versichert mir Jesus lächelnd und nickt mir dabei zu.

»Ist Vaters Hand ein sicherer Ort?«, frage ich nun und betaste Papas Hand.

»Der sicherste, den es gibt, mein Kind. Ebenso mein Schoß, meine Brust, mein Herz – alles an mir bietet dir Schutz und Geborgenheit«, sagt der Vater zärtlich.

In diesem Augenblick spüre ich ganz deutlich, wie ich auf Vaters Daumen liege, in seiner allmächtigen, liebenden Hand.

Es war ein einzigartiges, wunderbares Gefühl der Geborgenheit, mit Jesus zusammen dort zu sein.

Ich danke Gottvater, Jesus und seinem Heiligen Geist für dieses wunderbare Erlebnis, und ich hoffe, dass es beim Lesen auch dich im Herzen berührt und verändert hat.

Seit diesem Erlebnis lernte und lerne ich täglich mehr, wie sicher und geborgen ich in diesen wunderbaren, allmächtigen Händen bin. Dass sie mich voller Liebe und Gnade schützen und auffangen, egal, wie tief ich falle, und ganz gleich, was mit mir und um mich herum geschieht. Seine Liebe heilt die tiefsten Wunden.

Ich lernte, dass mein himmlischer Vater meine Zuflucht ist. Auf seinem Schoß, an seiner Brust, in seinen Händen und in seinem Herzen werden alle meine Bedürfnisse und Sehnsüchte nach Liebe, Zugehörigkeit, Identität, Sicherheit, Bestätigung, Bestimmung, Zärtlichkeit, Annahme und Aufmerksamkeit gestillt und aller Mangel beseitigt.

Immer öfter kehrte ich davon um, falsche Quellen aufzusuchen, und besuchte stattdessen Papa im Geist. Das machte mich frei, reinigte mich und wusch Schicht für Schicht alle alten Muster weg, die mich versklavt hielten. Ich erlaubte mir immer mehr, zu weinen, und hörte auf, mein inneres Kind zu verscheuchen. Eines Tages konnte ich mein inneres Kind sogar herzlich umarmen.

So konnte ich endlich damit anfangen, den aufgestauten Tränensee meiner Kindheit »abzuweinen«.

Das ging nicht von heute auf morgen, sondern es geschieht Stück für Stück, auch heute noch weine ich mich an Papas Herz aus und erzähle ihm von meinem Schmerz.

Dies war ein Ausschnitt aus meinem Weg, vielleicht kann er dir ein wenig weiterhelfen.

Gib nicht auf, bleib dran und freue dich am Leben. Papa hat viele Geschenke für dich! Ich wünsche dir von Herzen eine himmlisch wunderbare Vaterbeziehung und dass du in die ganze Fülle der Kinder Gottes gelangst und von allem frei wirst, was dich beschwert und bindet.

Sei herzlich umarmt, getröstet und von Abba-Papas Liebe umhüllt.

Papa füllt dein Leben mit Leben, das sich lohnt.
Die ganze Fülle kann zu dir kommen, damit du überfließt.
Halte deine Hände nach oben, bedürftig, wie ein Kind.
Abba-Vater wird sie füllen.
Alle Angst wird vergehen und Vollmacht wird sich ausbreiten in dir,
je mehr du in der wahrhaftigen, gütigen, helfenden,
versorgenden Liebe zuhause bist.
Es ist wie mit der Farbe Lila. Der Heilige Geist gab mir einmal eine
Offenbarung darüber.
Lila ist die Farbe der Vollmacht,
des Priestertums, der Königsherrschaft Gottes, der Fürbitte,
des Aufblühens, der Herrschaft im Geist, der Fülle,
der Frucht, die nun zum Tragen kommt.
Lila entsteht aus der Mischung von Rot und Blau.
Rot ist die Farbe des Blutes Jesu.
Rot bedeutet: Leben, Liebe, Opferlamm, Sieg, Leidenschaft,
Vergebung, Reinwaschung,
geistlicher Kampf, gerecht durch das Blut, Kraft, Herrschaft, Freiheit.
Blau ist die Farbe des Wassers.
Blau bedeutet: Wasser des Lebens, Heiliger Geist, Strom Gottes, Freiheit,
Leichtigkeit, Tiefe, Weite,

Endlosigkeit, Fülle, Ewigkeit, himmlischer Glanz.
Jesus verlor am Kreuz aus seinem Herzen Blau und Rot,
Wasser und Blut.
Bei einer Geburt wird ebenso Wasser und Blut vergossen.
So auch jetzt, bei der geistlichen Geburt des ewigen Lebens für uns.
Wenn es auf unser Herz trifft, werden wir damit gekrönt, bedeckt,
geheilt, gereinigt, dann wird es lila und wir bekommen
all das, was es ausmacht. Die Vollmacht, mit Jesus in unserem Leben
liebevoll und doch bestimmt zu herrschen,
Minderwertigkeit oder Opferhaltung kann nicht bestehen bleiben.
Denn wir sind gekrönt mit dem Kostbarsten,
was das ganze Universum zu bieten hat.
Die Liebe unseres Schöpfers und Retters für uns.
Jede Niederlage wird zum Sieg.
Jede Krise wird zur Chance. Jeder Mangel wird ausgefüllt.
Jede Wunde wird zum Schatz für alle Ewigkeit.
Papa möchte, dass wir darin wandeln und innerlich neu werden,
als seine gekrönten Kinder.

KAPITEL 4

Stille

ist eine Brücke der Ruhe und des Friedens,
auf der wir uns mit Gottvater,
seinem Heiligen Geist und Jesus
zu einer wunderbaren Begegnung treffen können.
Stille *führt uns ins liebende Vaterherz Gottes,*
wo wir seinem Herzschlag lauschen
und in dessen Rhythmus unseren eigenen finden können.
Stille *ist der barmherzige Gnadenschoß Gottvaters,*
wo wir als seine Kinder ruhevoll geborgen sind.
Dort können wir Frieden finden und wieder stark werden.
Stille *ist eine Liebeserklärung von dem,*
der durch sie als einziger zärtlich heilend
in unser verwundetes Herz sprechen kann.
Aus der liebevollen Beziehung mit Gott und der Stille *vor Gott*
entspringt der gut dosierte Strom des Lebens, der himmlische Wasserfall
aus Gottvaters Herzen, der unser Herz und unseren Mangel ausfüllt
und heilt.

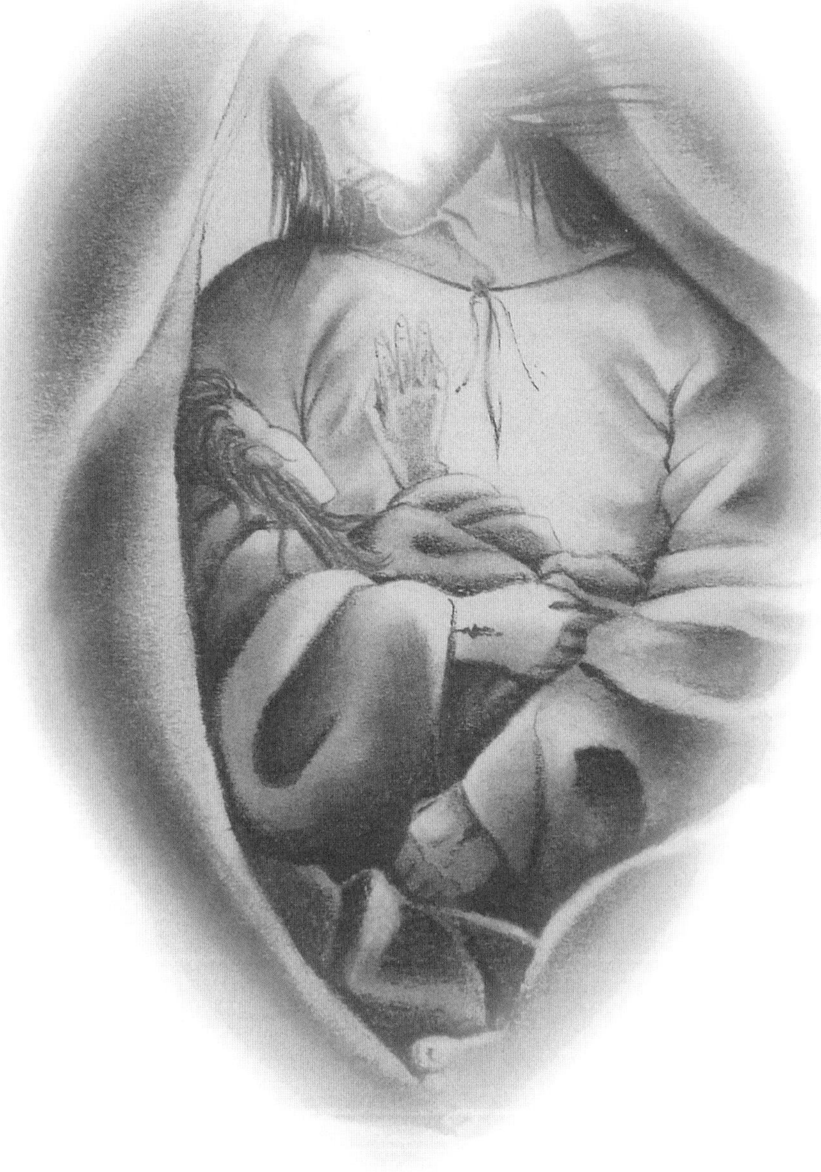

KAPITEL 5

Die Tür

Du betrittst einen hübschen Raum, in dem ein wunderschönes Gewand für dich bereitliegt. In all deinen Lieblingsfarben und mit Stickereien und Knöpfen, die du dir schon immer gewünscht hast. Fasziniert beginnst du dich umzuziehen und lässt alle alten Kleider zurück.

Nun bemerkst du eine andere Tür, die dir vorher noch nicht aufgefallen war. Sie ist über und über mit herrlich schönen Edelsteinen bedeckt. Es gibt alle Farben und Schattierungen. Alles glitzert und schimmert. Eine Pracht, wie sie dein Auge noch nie zuvor gesehen hat.

Jetzt erkennst du, mit funkelnden großen Diamanten gelegt, die Aufschrift:

»Nur durch mich kommt ihr zum Vater.«

Als du einen Schritt auf die Tür zugehst, öffnet sie sich von selbst. Warmes, strahlendes Licht scheint dir entgegen, und als du durchgehst, begegnet dir Jesus. Liebevoll lächelt er dich an. Er umarmt und küsst dich voller Freude und sein Blut der Vergebung umhüllt dich.

Nun salbt er dich an deiner Stirn und setzt dir eine Krone auf den Kopf. Dann nimmt er dich an der Hand und führt dich in einen prächtigen Saal, der in eine wunderschöne Blumenwiese übergeht. Nun spricht er zu dir: »Lass uns zu meinem Vater gehen. Er wartet schon voller Sehnsucht auf dich.«

Ihr seht euch tief in die Augen. »Hab keine Angst«, sagt Jesus zu dir, und dann gehst du voll Vertrauen an seiner lieben Hand weiter. Spürst du seine Hand?

Herrlich süßer Duft liegt in der Luft und Liebe umfängt dich von allen Seiten. Kannst du es riechen und spüren?

Von irgendwoher kommt zarte Musik, die dein Herz bewegt. Kannst du sie hören?

Nach einiger Zeit bemerkst du, dass du klein wie ein Kind geworden bist und dass du mit Jesus nicht allein dort bist. Du hörst eine liebevolle Stimme deinen Namen rufen. Kannst du sie hören? Jesus ermutigt dich, ihrem Ruf nachzugehen.

Als du ihr folgst, wird die Liebe um dich herum immer stärker und alles in dir beginnt zur Ruhe zu kommen. Nun erkennst du immer mehr das liebe Gesicht des Vaters. Sanft und liebevoll lächelt er dich an. Seine wunderbaren Worte an dich hüllen dich ein. Lassen alles, was dich beschwert, verschwinden.

Vorsichtig hebt er dich auf seinen Schoß. Seine Erhabenheit, Herrlichkeit, Majestät und Macht sind so stark, dass du wieder wie ein Kind staunend, bewundernd und schwach vor ihm sein kannst. In absoluter Bewunderung und kindlicher Erwartung. So wie es sich dein Herz schon immer gewünscht hat.

Du erkennst, er ist der gütige, liebevolle Papa, nach dem du dich schon immer gesehnt hast. Von seiner übernatürlichen Liebe in deiner Seele berührt, schmiegst du dich an sein Herz, an seine Brust.

Alles in dir fängt an, sich zu entspannen. Alle Schwere fällt von dir ab und Leichtigkeit erfüllt dich. Nichts ist da, was dich bedroht. Du bist vollkommen sicher in dieser Liebe und Fürsorge. Gottvaters Herzschlag durchflutet dich und du wirst von dessen Rhythmus beruhigt. Da öffnet sich sein großes Herz und du erkennst deinen ewigen Platz darin. Erfrischendes Wasser fließt da-

raus hervor und er gibt dir davon zu trinken. Langsam fängt alles in dir zu heilen und zu erblühen an.

Worte der Liebe und Zuneigung dringen tiefer und tiefer in dein verwundetes Herz. Sie legen sich wie eine Heilsalbe auf alle deine Wunden.

Er spricht zu dir: »Mein geliebtes Kind. Alles wird gut. Ich heile alle deine Wunden. Stück für Stück. Hab Geduld mit dir. Du bist mein gewolltes, wunderbares Kind, mein Königskind, mein Töchterlein, mein kleiner Junge. Ich bin dein dich liebender Vater, dein Gott und Schöpfer. Mich darfst du bewundern und bestaunen. Ich allein richte dich wieder auf und mache dich zu mehr, als du aus eigener Kraft sein kannst. Weil ich dein dich liebender Vater bin, schenke ich dir Flügel, die dir helfen, alles aus himmlischer Sicht zu betrachten. Glaube mir, kein Mensch kann dir das sein, was ich dir bin. Kein Mensch kann das Loch in deinem Herzen wirklich ausfüllen.

In meinem Herzen ist Wahrheit und Leichtigkeit, mein Kind. Mein Herz und meine Liebe sind dein ewiges Zuhause, deine Heimat, deine Zuflucht. Aus meinem Herzen kommen Freiheit, Rat, Ruhe und Friede für dich. Keine Mauer und keine Umstände können meine Liebe zu dir aufhalten. Niemand kann dich aus meiner Hand reißen. Ich habe dich bei deinem Namen gerufen, du bist mein. Das Opfer meines Sohnes Jesus und mein Geist, der in dir wohnt, werden meinen Anspruch auf Heiligkeit in dir erfüllen. Du musst nichts leisten oder dich abmühen, damit ich dich mehr liebe. Lebe aus meiner Gnade und nicht aus eigenem Tun. Ich sehe dein Herz und auch die Angst, Sehnsucht und den Schmerz darin. Ich lege mehr Wert auf dein Herz als auf dein perfektes Verhalten.

So gerne möchte ich dich von jedem Leistungsdruck befreien, sowohl dem weltlichen als auch deinem eigenen, der dich unter ein schweres Joch brachte und dich ständig beschäftigt hält. Mein Joch dagegen ist leicht und stresst nicht. Mein Herz ruft dir zu: »Komm zu mir. Lerne, wieder wie ein Kind zu leben.«

Sei mein Kind und habe eine Beziehung mit mir – nur mit mir, meinem Geist und Jesus. Ich liebe dich wie meinen Sohn Jesus. Er war ohne Druck und schlechtes Gewissen. Meine Liebe in ihm floss einfach zu euch Menschen über.

Ich habe Lösungen, die du noch nicht siehst. Meine Reserven, dich zu versorgen und dir zu helfen, sind unbegrenzt. Dein Vertrauen zu mir wird wachsen, wenn du mit deinem Herzen siehst, wie sehr ich dich liebe und dich segne.

Sei du nur auf meinem Schoß und an meiner Hand. Höre, was ich zu dir sage. Darin wirst du reifen und erblühen.

Ich will dich liebhaben, lehren, leiten und beschenken. Das ist alles, worum ich dich bitte.

Bitte vertraue mir weiter. Ich liebe dich, mein liebes Kind.

Mein Sonnenschein, meine Wonne bist du.«

Von diesen Worten beruhigt und von seiner Liebe nun ganz erfüllt, schläfst du ein.

Am Herzen des himmlischen Vaters. In seinen Armen oder wo immer du dich im Augenblick bei ihm geborgen fühlst.

Entdecke die Liebe deines himmlischen Vaters, der immer für dich da ist und sich täglich nach dir sehnt.

Für dich durch mich.

KAPITEL 6

Geliebt

Du bist unendlich geliebt, wertvoll und einzigartig und Gottvater freut sich über dich und ist voller Liebe zu dir. Du bist Gottvater wichtig und er will dich überreich segnen. Er möchte deine Einzigartigkeit zum Vorschein bringen und dich als eine Person, die etwas bewirkt, in diese Welt stellen. Deine Andersartigkeit (im guten Sinn) ist das, was dich so einzigartig macht. Gottvater will dich wertschätzen, dir Gutes tun und dich in seiner Liebe zu dir aufblühen und glücklich sehen, wusstest du das?

Ich wusste dies lange Zeit nicht, weshalb ich innerlich immer mehr zerstört wurde und in Gefühlen der Wertlosigkeit, Angst und Unsicherheit gefangen war.

Ich war so negativ geprägt, dass ich selbst als Christin noch dachte, ich müsse ein karges, leeres, mühevolles Leben führen. Ich glaubte, es jedem recht machen und meine eigene Meinung verleugnen zu müssen. Ich war überzeugt, ich müsse mich verbiegen, um geliebt zu werden, und mich überall – auch vor Gottvater – bis aufs Blut beweisen. Ich sah Gott als fordernden, mit erhobenem Finger drohenden, »Wehe, wehe« rufenden Richter und Fehler aufspürenden Polizisten. Ich wurde ein Jasager. Zu allem und jedem. Das führte dazu, dass ich ständig Leistung bringen musste. Weil ich alles immer perfekt hinzubekommen versuchte, brannte ich mehr und mehr aus, was schließlich mehrmals in einem Burnout endete. So lief das, bis ich Gottvater durch Jesus wahrhaftig kennenlernte. Und das ließ mich wirklich staunen.

Du, liebe Freundin, lieber Freund, bist aus einem allmächtigen, liebenden Gott geboren, der dich von Anbeginn der Zeit in seinem Herzen trug und dich zärtlich geformt und gebildet hat.

Dein Geist stammt aus seinem Geist. Deine Seele stammt aus seinem Herzen, und dein Körper wurde im Leib deiner Mutter gebildet.

Leider ist es oft so, dass der Teufel schon recht früh daran interessiert ist, uns zu zerstören. Daher passieren bereits im Mutterleib oder in jungen Kinderjahren viele Dinge, die uns so negativ prägen, dass wir Mühe haben, an Gottes Liebe zu glauben und sie wahrzunehmen und diese negative Prägung und die Auswirkungen der gemachten Erfahrungen wieder loszuwerden.

Doch mit Gottes Liebe und Hilfe ist all das möglich.

Wir waren nie allein und sind nie allein auf dieser Erde. Unser Schöpfer und Vater ist immer an unserer Seite. Ganz gleich, was dir früher zugestoßen ist, Jesus war dabei und hat noch Schlimmeres verhindert. Wenn unsere Seele erfährt und wir im Inneren wissen, dass Jesus in den schlimmsten Stunden unseres Lebens bei uns war, dann werden wir heil und entspannt, und wir erkennen, dass er auch in Zukunft immer bei uns sein wird. Wir können Jesus bitten, uns zu zeigen, wo er war. Ich habe Jesus von meinen Traumata erzählt und ihn gefragt, wo er damals dabei war.

Er hat mir dann immer ein Bild gezeigt, wo er in dem jeweiligen Augenblick stand, saß oder schwebte. Oder er sagte es mir. Er war mir immer ganz nah und beschützte mich. Er weinte mit mir, er lachte mit mir und er schützte mich, wo er konnte. Auch wenn sich das für mich damals nicht immer so anfühlte, ist er doch stets bei mir gewesen. Das beruhigte mich enorm. Einmal, während er es mir zeigte, sagte er zu mir:

»Katja, wenn du stehst, stehe ich neben dir und halte dich in meinen Armen. Wenn du rennst, renne ich neben dir und halte deine Hand. Wenn du sitzt, sitze ich neben dir oder du sitzt auf meinem Schoß. Wenn du liegst, liege ich neben dir oder du liegst an meiner Brust.«

Jesus, Gottvater und der Heilige Geist – die himmlische Mama Ruach (denn *Ruach* ist im Hebräischen und Aramäischen ein weibliches Wort) – haben unglaublich viel Interesse daran, uns zu zeigen, dass wir von ihnen, unserer himmlischen Familie, immer in Liebe umgeben sind. Gottvater will uns allen mit seiner Liebe immer näher kommen. Doch *wir* müssen es ihm erlauben. Er drängt sich nicht auf. Es gibt nichts, was schöner, tiefergehend, beruhigender und heilsamer wäre als Gottvaters Liebe. Sie ist besser als jede Droge und jedes noch so große irdische Glücksgefühl. Diese Liebe löst nach und nach alle Zweifel und Ängste auf. Sie berührt uns da, wo wir den größten Mangel empfinden.

Doch welcher Mensch, ob Kind oder schon erwachsen, könnte bei Gott heil werden, wenn er Angst vor ihm hätte? Wenn er Bedenken haben müsste, vielleicht doch bestraft zu werden. Das könnte keiner, nicht wahr?

Genau das weiß auch Gottvater. Er weiß, wie sehr du gezittert, gelitten und geweint hast.

Er weiß, wie verzweifelt du denkst: *Wer kann mir schon helfen? Ist Gott auch wirklich gut? Sieht und hört er mich überhaupt? Wann und wo war er denn jemals für mich da?*

Er weiß, wie sehr du ihm auszuweichen versuchst, sei es aus Angst, Scham oder weil du ein verzerrtes, negatives Bild von ihm hast.

Er weiß auch, wie sehr du ihm vielleicht zu gefallen versuchst oder wie bemüht du möglicherweise sogar bist, ihm gehorsam zu sein.

Doch nur er allein kann dich verändern. Er kann dich gesund lieben. Ins wahre, gute Leben hineinlieben. Das gute, hoffnungsvolle Leben in Fülle, das er für dich vorgesehen und geplant hat.

Ich bin gekommen, damit sie das Leben haben und es in Fülle haben.
– Johannes 10,10 EÜ

Dieser Bibelvers bedeutet, dass Gott, dein Vater, dir überreich geben will, um dich mit allem zu versorgen, was du brauchst.

Katia Voßeler
2007

Dazu braucht er nur dein Ja.

Sprich mal öfter mit Jesus und Gottvater und sage: »Ja, Gottvater, ich brauche deine Liebe, um zu heilen! Bitte hilf mir und offenbare mir täglich deine Liebe zu mir.«

Er heilt die größten Wunden, die tiefsten Verletzungen, und all das tut er durch seine Liebe.

Liebe treibt alle Angst aus, heißt es in der Bibel.

Furcht ist nicht in der Liebe, sondern die vollkommene Liebe treibt die Furcht aus. – 1. Johannes 4,18 LUT

Was also könnte besser zur Heilung geeignet sein, als diese Liebe real zu erleben?

Das will Gott möglich machen, wenn wir anfangen, ihn als unseren guten, wahren Vater anzunehmen. Wenn wir uns in seine Arme fallen lassen, mit allem zu ihm kommen und uns von ihm abhängig machen wie ein Kind.

Mit vielen Süchten und Verhaltensweisen können wir erst aufhören, wenn wir durch die Erfahrung erlebter Liebe, Versorgung und Gnade erkennen, wie sehr Gott uns liebt.

Erst dann fließt seine Liebe in uns über, sodass wir voll gesättigt sind mit seiner Liebe, seinen Geschenken, seiner Zuwendung und Versorgung.

Gott ist ein guter, wunderbarer Vater, der all unsere Vorstellungen übersteigt.

Die ganze Welt sehnt sich nach einem liebevollen Vater. Santa Claus, der väterlich wirkende Weihnachtsmann aus der Coca-Cola-Werbung, spricht in einem jeden von uns diese tiefe Sehnsucht nach einem beschenkenden, liebevollen, gütigen Vater an. Dabei haben wir diesen schon längst, doch wir sind so negativ geprägt, dass wir ihn oft ignorieren, leugnen oder für tot erklären. Doch er ist quicklebendig und will dich gerne zum Staunen bringen, wenn du es zulässt und dich wie ein Kind auf ihn einlässt.

Schon in der Bibel steht:

Wenn ihr nicht umkehrt und werdet wie die Kinder, werdet ihr nicht in das Himmelreich hineinkommen – Matthäus 18,3 EÜ

Jede negative Vatererfahrung, die du gemacht hast, gilt nicht für Gottvater. Bedenke, er ist Gott, allwissend und allgegenwärtig. Er weiß also immer ganz genau, aus welchem Grund wir uns auf eine bestimmte Weise verhalten oder warum wir so und nicht anders handeln. Aber er klagt uns nicht an, sondern liebt uns erst recht, ohne jeden Vorbehalt, weil er weiß, wie nötig wir seine Liebe haben.

Das sage ich aus eigener Erfahrung und ich habe viele negative Erfahrungen gemacht.

Das Himmelreich auf Erden und in Ewigkeit finden wir bei Gottvater – wenn wir als seine Kinder mit den Augen und dem Herzen eines Kindes zu ihm kommen.

Daher bitte ich dich nun, alle negativen Erlebnisse, die du mit Vaterfiguren wie dem leiblichen Vater oder Stiefvater, mit Onkeln oder älteren Brüdern, aber auch mit Lehrern, Leitern, Vorgesetzten und dergleichen in deinem Leben gemacht hast, zu Jesus ans Kreuz zu bringen und sie dort zu lassen.

Du kannst die Namen der Menschen, mit denen du diese Erfahrungen gemacht hast, aufschreiben und diese dann am Kreuz ablegen.

Sag es Jesus und sprich es laut aus: »Jesus, ich trenne mich nun von all den negativen Vaterbildern und vergebe jeder dieser Personen.

(Führe die Namen einzeln auf und vergib dem jeweiligen Menschen.)

Ich lege sie alle zu dir ans Kreuz. Führe mich bitte zum Vater. Und hilf mir bitte, im Inneren Kind zu werden. Ich bitte dich, Vater im Himmel, dass du nun zu meinem Vater wirst. Jesus ist gestorben, um uns alle zum Vater zu führen und damit ich dich kennenlernen kann. Sei du mein Vater, mein Papa. Ich will dich Vater sein lassen und ich will dein Kind sein. Hilf mir zu lernen, dir zu vertrauen. Zeig mir, dass ich dir vertrauen kann. AMEN.«

Du könntest anfangen, eine Wunschliste zu verfassen, so wie ein Kind seinen Wunschzettel zu Weihnachten schreibt, und Gottvater darum bitten, dir darin zu begegnen und deine Wünsche auf seine Weise zu erfüllen. Du brauchst keine Angst zu haben, wenn du ihm darin freie Hand lässt, denn du darfst ganz sicher sein, dass er dich liebt und immer nur Gutes für dich im Sinn hat. Es müssen nicht nur geistliche Wünsche sein, du darfst auch materielle Wünsche äußern.

Bittet und so wird euch gegeben, sagt die Bibel. Oft haben wir nur deshalb nicht, weil wir nicht bitten.

> *Bittet, so wird euch gegeben; suchet, so werdet ihr finden; klopfet an, so wird euch aufgetan. – Matthäus 7,7 LUT*

Mir selbst ist er unzählige Male darin begegnet und er hat mich reich beschenkt.

Ich bitte ihn immer und ständig um Hilfe, in allem. Egal, ob ich koche, putze, dusche, Auto fahre, einen Nagel in eine Wand einschlage, ein Gespräch führe, schreibe, singe, modelliere oder male. Das belohnt er mit zunehmender Leichtigkeit bei den Aufgaben des Alltags.

Während meiner Burnout-Phasen war ich oftmals so schwach, dass ich ohne den Vater im Himmel nicht mal meine Haare waschen oder auf die Toilette gehen konnte. Ohne ihn konnte und kann ich nichts tun. Das war das Eindrücklichste, was ich in allem Leid erleben und lernen durfte.

Er schenkt mir Weisheit, Gunst, Frieden, Heilung, Befähigung, Freude, Wiederherstellung, bestimmte Teekannen, Schuhe, Parkplätze, Jobs, Kleider, unser Haus, Urlaube, Beziehungen, Freundschaften und vieles mehr. All das hat er mir entweder geschenkt oder mir zum rechten Augenblick das Geld dafür gegeben. Das ließ mich real erleben, dass Gottvater mich wirklich liebt und nur das Beste für mich will. Dieses reale Erleben ist wichtig, und Gottvater möchte uns das nicht vorenthalten. Nur wir sind diejenigen, die oft Dinge denken wie: *Das brauche ich nicht. Das wäre egoistisch. Ein Christ muss enthaltsam und bescheiden sein.* Das ist nichts weiter als falsch verstandene Demut. In Wahrheit bedeutet Demut, dass wir Gottes Hilfe nötig haben, und zwar in allem, und dass wir seine Weisheit und seinen Willen höher achten als unsere Vorstellungen oder die Meinungen anderer.

Ich möchte hier auf einen wichtigen Bibelvers verweisen, denn wir alle haben die Möglichkeit, mehr von Gott zu empfangen, doch wir kommen sozusagen um und verhungern vor dem vollen Kühlschrank, weil wir uns nicht trauen, mehr von Gott zu erwarten, und es deshalb gar nicht erst aussprechen. In Hosea 4,6 heißt es: »Zugrunde geht mein Volk, weil es ohne Erkenntnis Gottes ist.«

Denn vom Teufel kommt unser Mangel, unsere Krankheit, unsere Traurigkeit. Gott ist unser liebender Papa, der mehr für uns hat, als wir uns je vorstellen können. Wir dürfen alles erbitten, so wie es die Kinder tun, die am Rockzipfel der Mutter ziehen und ihre Wünsche äußern.

Viele Menschen haben Probleme, weil ihnen das Wissen über das wahre, gute, gütige, barmherzige Wesen Gottes fehlt und sie keine Worte für ihre eigenen Bedürfnisse und ihre Not finden.

Daher bitte ich dich nun, finde Worte für deine Bedürfnisse und Wünsche und sprich sie vor Gott aus.

Vertraue auf Gottvater

von ganzen Herzen,

und nicht mit deinem Verstand.

nach Sprüche 3,5

Ich segne jeden,

der mir ganz und gar vertraut.

nach Jeremia 17,7

DER HERR IST MEIN HIRTE
MIR WIRD NICHTS MANGELN
2007
Katia Voßeler Ps. 23
JESUS, DU IN MIR UND ICH IN DIR.

KAPITEL 7

Der sichere Ort der Geborgenheit

Was ist für dich der sicherste Ort?

Wegen meiner traumatischen Missbrauchsvergangenheit war das, was ich am dringendsten suchte, ein sicherer Ort, an dem ich geborgen war und einfach ›sein‹ durfte. Nur suchte ich ihn leider immer am falschen Platz. In Institutionen und bei Menschen.

Dort wurde ich immer wieder nur ausgenutzt und ständig enttäuscht.

Als ich mit acht Jahren Jesus kennenlernte und auf seinen Schoß durfte, wurde der für mich zum sichersten Ort. Ich sehnte mich danach, wieder dorthin zurückzukehren.

Ich wusste leider nicht, dass ich im Geist immer wieder dorthin gehen konnte.

Erst später, nach meiner Neugeburt, lehrte Jesus mich, im Geist jederzeit zu ihm auf den Schoß zu kommen. In unserer Kirche wurde das auch gelehrt und es war uns allen wichtig, diese Ruhezeit bei Gott, oder auch Soaking-Zeiten, wie wir sie nannten, gemeinsam zu nutzen und uns über das, was wir während dieser Zeiten erlebten, auszutauschen. Jeder hatte dabei andere Lieblingsorte und Begegnungen mit Jesus oder mit Gottvater.

Ich machte dabei immer die Augen zu und stellte mir vor, wie ich auf den überdimensional großen Schoß von Jesus krabbele. Dort rollte ich mich zusammen und er deckte mich mit seinem Mantel zu. Ich hörte dann immer seine wunderbare Stimme und er sprach nur liebevolle, ermutigende Worte zu mir.

Eines Tages war ich mit meinem Mann auf einer großen Hochzeit mit vielen Gästen. Gegen Abend, als der Trubel und das Kindergeschrei zunahmen, spürte ich, wie meine Kraft und Konzentration nachließen; ich war sehr müde geworden und sehnte mich danach, mich auf ein Sofa legen zu können. Da merkte ich, wie Jesus mir zeigte, ich solle mich in meinem Stuhl zurücklehnen. Er sagte: »Mach für ein paar Minuten die Augen zu und komm auf meinen Schoß.« Das tat ich dann, und es war fantastisch. Seine Liebe durchströmte mich und ich war nach nur wenigen Minuten wieder wie neu.

Später begann ich, mich während solcher Zeiten an seine Brust zu schmiegen, um seinen Herzschlag zu hören.

Als ich auf meinem Heilungsweg dann Gottvater kennenlernte und ich viel weinte, wurde er zu meinem sichersten Ort. Ich lege mich gerne an Gottvaters Brust und liebe es, meinen Kopf unter seinem Kinn zu haben. Das beruhigt meine Seele sehr. Dort ließen die damaligen Ängste und Schmerzen in meinem Herzen und in meiner Seele nach. Daher suchte ich zu jener Zeit so oft wie möglich den Schoß des Vaters auf. Mehrere Male täglich legte ich mich bei schöner, ruhiger Hintergrundmusik aufs Sofa, legte meine Arme seitlich ab und begann im Geist seine Nähe zu suchen. Aber auch außerhalb des Hauses zeigte mir der Heilige Geist Möglichkeiten, wie er mich im Geist zu Jesus und Gottvater ziehen kann. Ich musste mich nur darauf einlassen. Da meine Fantasie sehr groß war und der Heilige Geist dies für sich nutzte und sie mit mir gemeinsam ausbaute, wurde dies meine große Freude.

Erschaffe dir gemeinsam mit dem Heiligen Geist, mit Jesus und dem himmlischen Vater deinen sicheren Ort bei ihm.

Du kannst diesen Ort überall, wo du gerade bist, aufsuchen und dort in einer Zeit der Stille auftanken, dich sicher fühlen und Gemeinschaft mit Gott haben. Er wird dir zeigen, dass dieser Ort kein Hirngespinst ist, sondern ein Ort, an dem du dich wirklich im Geist bewegen kannst. Dort kannst du gemeinsam mit ihm tiefe Herzenserfahrungen machen, die dich Heilung und Geborgenheit erleben lassen. Vieles, was mich überfordert, was ich im alltäglichen Leben in Beziehungen oder in der Bibel nicht verstehe, erklärt Jesus mir im Geist an meinem sicheren Ort.

Manchmal stehen wir auf und er geht mit mir im Geist an einen anderen Ort, den ich noch gar nicht kannte. Das ist dann sehr aufregend und spannend.

Es bieten sich überall Möglichkeiten dafür, zum Beispiel während einer Arbeitspause, in der Toilettenkabine auf dem Deckel sitzend, im Freibad auf deinem Handtuch oder im Park auf einer Bank, im Wartezimmer beim Arzt oder im Krankenhaus, am Bahnhof oder Flughafen, unterwegs in Bus oder Bahn, während der Rastpause bei Autofahrten und so weiter.

Mach einfach deine Augen zu, lehne dich zurück und beginne, dir im Geist vorzustellen, wie du dorthin gehst. Mittlerweile kann ich das auch mit offenen Augen tun. Ich fahre gerne Auto, aber weite Strecken sind für mich ein Horror. Ich hatte große Angst vor dem Autofahren, weil ich dabei einmal etwas Schlimmes erlebt habe. Es passierte 1991, als ich im Osten Deutschlands einmal auf der Autobahn unterwegs war. Es war die Zeit kurz nach dem Mauerfall und mein damals noch zukünftiger Ehemann Jürgen und ich wohnten für etwa ein Jahr in der Nähe von Chemnitz. Ich wollte eine Freundin besuchen. Mit einem alten Opel Kadett war ich mit rund 120 Stundenkilometern unterwegs, als ich bei einem Überholvorgang beim Schalten plötzlich den Schaltknüppel in der Hand hielt. Ich war total geschockt und musste innerhalb von Sekunden entscheiden, was ich tue. Ich schrie vor Angst und versuchte, auf die rechte Fahrspur zurückzukehren, aus der ich ausgeschert war, und das schaffte ich auch. Der Heilige Geist gab mir die Erkenntnis, dass ich den Schaltknüppel einfach wieder in das Loch zurück rammen muss. Dies tat ich dann auch. Als ich merkte, dass sich der Wagen wie durch ein Wunder wieder schalten ließ, weinte ich fast vor Erleichterung. Leider ging dann, wie sich später herausstellte, der Rückwärtsgang nicht mehr. Weil es damals noch keine Handys für jedermann gab und ich nicht wusste, wo meine Freundin wohnte, musste ich mir den Weg zu ihr erfragen. Dabei musste ich mich jedes Mal rückwärts aus der Parkbucht herausschieben lassen, wo ich zu dem Zweck angehalten hatte. Das war alles sehr zeitaufwendig und anstrengend. Die verabredete Zeit war weit überschritten, als ich endlich bei ihr ankam. Als ich dann nachts nach einem gemeinsamen Disco-Besuch wieder nach Hause fuhr, betete ich die ganzen anderthalb Stunden über. Ich bat: »Lieber Gott, hilf mir, heil wieder heimzukommen.« Jede Minute schien mir endlos. Aber Gott beschützte mich und half mir. Heute hingegen, mit der geistigen Möglichkeit, den sicheren Ort überall mit hinzunehmen, stelle ich mir nun immer vor, ich sitze beim Autofahren auf Gottvaters Schoß oder gehe an seiner Hand oder in seinem Arm in schwierige Gespräche oder Situationen. Dabei lasse ich natürlich die Augen offen. Ich bitte ihn, mit mir gemeinsam das Auto zu lenken, durch mich zu sprechen und mich zu bewahren, mir Gunst bei Menschen zu schenken und so weiter. Allein schon die innere Vorstellung gibt mir Geborgenheit und Ruhe. Weil ich hochsensibel bin und in meinem Herzen sehr auf mein Umfeld reagiere, ist diese Liebe und Nähe Gottes das genialste Beruhigungs- und Hilfsmittel, das ich kenne. Die Hochsensibilität, die ständig alle Antennen ausgefahren hat und alles im Umfeld mitbekommt, was mich oft eingeschränkt und erschöpft hat, konnte damit etwas beruhigt werden, und heute kann ich entspannter sein als je zuvor. So mache ich es mit allem, was ich tue. Oftmals tanze ich auch mit Jesus und Gottvater über meine Ängste hinweg. So lernte und lerne ich heute noch, meine Angst und die scheinbare Überforderung zu überwinden und mich auf unsicheres, neues Gebiet zu wagen.

Dieser sichere Ort darf auch wachsen. Deine eigene Kreativität und Fantasie dürfen dabei fließen.

Bitte den Heiligen Geist, dir deine Herzens-Fantasie zu geben und dir dabei zu helfen, deinen Ort zu finden und ihn auszugestalten. Mach dir dabei keinen Stress. Hab Geduld, bleib dran und gib dem Ganzen Zeit, dann wird alles wachsen und sich entfalten.

Stell es dir vor und spüre mal nach: Wo magst du bei Jesus oder Gottvater oder »Gottmutter« sein? Möchtest du an der Hand gehalten werden, dich auf den Schoß kuscheln, umarmt werden oder auf den Schultern sitzen? Wo magst du mit ihnen am liebsten sein? Hast du sie gerne alle drei sichtbar um dich oder reicht dir erst mal nur einer von ihnen? Gott ist deine himmlische Familie. Da ist Jesus als dein Bruder und Freund, dann Gottvater und als »Gottmutter« (die Mama Ruach) der tröstende Heilige Geist. Wie schon erwähnt, ist Ruach, was *Geist* bedeutet, im Hebräischen ein weibliches Wort, also »die Ruach«. Das hat aber nichts mit der im Katholizismus verehrten Mutter Gottes (Maria) zu tun. Ich denke, dass Gottvater uns damit einfach nur zeigen wollte, dass wir im Himmel eine komplette Familie haben und dass der Heilige Geist eine Persönlichkeit ist, die den tröstenden, helfenden und umsorgenden Charakter einer Mutter hat und zu der wir auch so kommen können. Diese Familie ist dein Zuhause, deine ewige Heimat. Weil ich in meinem Leben viel umgezogen bin und deshalb nie eine wirkliche Heimat hatte, war mir das ein riesiger Trost. Vielleicht hilft es ja auch dir.

Möchtest du gerne mit Gott am Strand sein, am Meer, in einem Strandhaus oder in einem Strandkorb sitzend? In einem Boot? Im Wald, an einem Bach oder in einer Hütte in den Bergen? In einem großen Schloss, einer Burg oder in einer Höhle? Es darf auch ein Baumhaus oder sogar eine Wolkenburg sein. Du darfst deine Lieblingstiere mit dazu nehmen. Bau einen Zaun drum herum, wenn du möchtest und das Gefühl hast, den Ort abgrenzen zu müssen. Scheint die Sonne? Oder ist es Abend und ihr habt ein Lagerfeuer angezündet?

Das alles ist möglich und Gott hat seine Freude daran, dir darin zu begegnen und dir Gutes zu tun.

Du wirst merken, dass dir dieser Ort mit der Zeit immer mehr Geborgenheit schenkt.

Es ist ein Lernprozess und es erfordert etwas Übung, sich an diesem Ort aufzuhalten, ihn auszubauen und sich darin zu bewegen. Aber das alles macht viel Freude und es ist ein großartiger Ort für unsere verletzte und gestresste Seele, um zur Ruhe zu kommen und Heilung zu finden.

KAPITEL 8

Ein Ja zum Leben und zu dir selbst

Unser Leben wird besser mit einem JA dazu.

Weil Jesus selbst das Leben ist.

Er sagt: »Ich bin der WEG, die WAHRHEIT und das LEBEN. Niemand kommt zum Vater als nur durch mich« (siehe Joh 14,6).

So sollen wir lernen, uns selbst und das Leben anzunehmen. Weil Gott selbst in uns wohnt und uns angenommen hat.

Wisst ihr nicht, dass euer Leib ein Tempel des Heiligen Geistes ist?
– 1. Korinther 6,19 LUT

JA zu uns selbst sagen zu können, uns selbst anzunehmen, ist ein entscheidender Faktor, der uns ein besseres, leichteres und erfüllteres Leben schenken kann.

Denn wir hören dann auf, gegen das Leben anzukämpfen, uns dagegen zu wehren, was sehr anstrengend ist. Ein immer wieder ausgesprochenes »Ja« zum Leben und zu deinem eigenen speziellen Lebensweg ist dabei besonders wichtig. Kein »Na ja« oder »Vielleicht«.

Das JA Gottvaters über uns hilft uns zu wissen und zu erfahren, dass er für uns ist und nicht gegen uns. Wir sind alle gewollt und wunderbar gemacht. Gottvater liebt dich so, wie du bist. Egal, was war oder ist. Groß oder klein, alt oder jung, dick oder dünn. Er kennt dich und jeden Winkel deines Herzens. Er weiß, woher dein Schmerz kommt, und genauso sieht er, wenn du dich freust. Er verurteilt dich nicht und klagt dich auch nicht an. Er achtet auf dein Herz, nicht auf das Äußere und auch nicht auf das, was du scheinbar alles für ihn opferst oder tust. Er möchte eine tiefe Beziehung zu dir. Besprich einfach alles, was dich beschäftigt, mit ihm. Er hat unendlich viel Geduld mit dir, er kümmert sich um dich und will nur das Beste für dich.

Er möchte, dass du lernst, dich selbst zu umarmen und, so wie er, Geduld mit dir zu haben.

Tu Folgendes: Setz dich vor einen Spiegel und stell dir vor, du säßest auf dem Schoß des himmlischen Vaters. Nun schau dich mal mit einem Lächeln an, denn Gottvater lächelt auch. Er schaut dich voller Liebe an.

Und jetzt sprich: »Ich sage Ja zu meinem Leben und zu meinem Weg. Denn mein Leben ist ein Geschenk Gottvaters an mich und ich bin ein Geschenk an diese Welt.

Ich sage JA dazu, dass ich einzigartig und wunderbar gemacht bin. Zu meinem Körper. Zu meinen Armen, zu Händen, Bauch, Oberkörper, Brust, Beinen, Knien, Füßen, meinem Gesicht, zu Nase, Augen, Ohren, Mund und meinem Haar.

Ich sage JA zu meiner Schwachheit, zu den Scherben in meinem Leben, zu meiner Vergangenheit, zu meinen Fehlern, zu meinen Schwächen, zu meinen Tränen, zu meinem Schmerz und zu meiner Trauer.

Ich sage JA zu meinen Stärken, zu meinen Emotionen, zu meinen Träumen, zu meinem Lachen, zu meinen Sehnsüchten und Wünschen. Zu meiner Kreativität. Dazu, dass ich manche Dinge auf meine Weise mache. Zu meinen Lernprozessen, meinem Lebensweg und den Wegen, auf die mich meine Berufung und meine Heilung führen, und die von Gottvater für mich vorbereitet sind.

Ich sage JA zu der unendlichen Liebe Gottvaters zu mir und dazu, dass ich sein geliebtes Königskind bin. AMEN!«

Umarme dich dabei immer wieder mal selbst.

Wiederhole das Ganze wöchentlich oder sogar täglich, wenn du magst.

Lächle dir dabei selber zu, denn damit lächelst du Jesus in dir zu. Sei freundlich und liebevoll zu dir selbst, auch wenn es dir anfangs schwerfällt. Es wird mit der Zeit besser!

Du bist aus Gott geboren,
und durch Jesus
in Gottvaters Liebe zuhause.
Du bist liebenswert,
gewollt, geliebt, einzigartig
und wunderbar gemacht.
Gottvaters Königskind

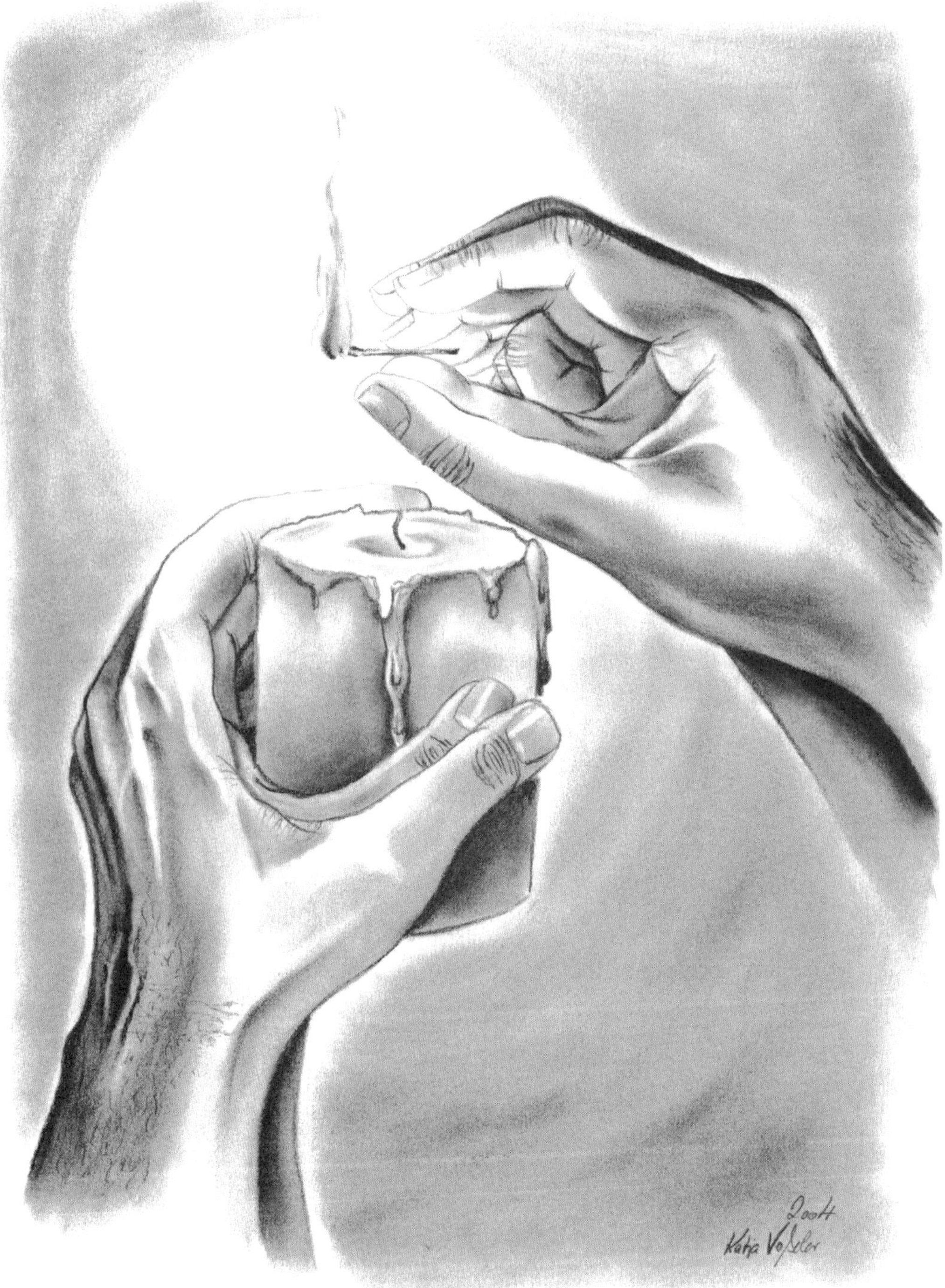
2004
Katja Voßeler

KAPITEL 9

Sprechen und Handeln wie ein geliebtes Kind

Die Töne und Farben, die aus deinem Mund kommen, sind wie Leben oder Tod. Wir können wählen.

Worte haben Macht: Sie können über Leben und Tod entscheiden. Wer sich gerne reden hört, muss mit den Folgen leben. – Sprüche 18,21 HFA

Unser Denken, Sprechen und Handeln sind die Töne und Farben, mit denen wir unser Lebenslied singen und unseren Alltag malen. Wir können uns in der Rolle eines Opfers in den schwarzen, dunklen Abgrund sprechen und danach handeln, oder wir sprechen BUNT und positiv mit Autorität und Dankbarkeit und dem Vertrauen, von Gott geliebt zu sein. Geliebt leben zu lernen ist dabei enorm wichtig. Viel Negatives in der Welt geschieht, weil wir wie ungeliebte, unachtsame Kinder leben.

Aber es gibt die Möglichkeit, auf eine bestimmte Weise zu beten. Dieses GEBET kann dich echt verändern. Nutze diese Möglichkeit und gestalte das Gebet nach deinen Bedürfnissen aus. Vielleicht gibt es noch Wahrheiten und Sätze, die du hinzufügen möchtest. Dinge, die dich selbst betreffen und die du mit neuem Bewusstsein leben und aussprechen möchtest. Hör mal hin und spüre dem nach.

SPRICH einfach mal eine Zeit lang TÄGLICH laut aus:

JESUS, GOTTVATER, HEILIGER GEIST, du bist mein Gott, Retter, König, Vater, Freund, Heiler, Bräutigam und Ermutiger. Mit dir, Jesus, bin ich stärker und mutiger, als ich glaube, freier, als ich ahne und viel schöner, als ich denke. Denn ich bin dein einzigartiges, wunderbares KÖNIGSKIND. Deine geliebte Tochter / dein geliebter Sohn. Ich bin GEWOLLT, angenommen und GERECHT gemacht durch dich, Jesus. Ewiglich. Ich bin LIEBENSWERT. Täglich bin ich von dir reich gesegnet und werde meinem Umfeld ein SEGEN sein, wo immer ich bin. Durch Umkehr und Ruhen in deinen liebenden Armen, Vater, werde ich vor Erschöpfung gerettet und vor dem Stress, stetig und ständig leisten zu müssen. Ich lerne zu ruhen, zu genießen und zu arbeiten, und darin im Gleichgewicht zu bleiben.

Auf dich will ich sehen, Jesus, denn du schenkst Wollen und Vollbringen, zur rechten Zeit. Ich muss nicht alles wissen und auf alles eine Antwort haben. Ich kann wie ein Kind Gottvater vertrauen. Ja, Vater, ich gebe dir meine Hand und VERTRAUE dir, auch wenn manchmal alles hoffnungslos erscheint. Du bist meine Hoffnung. Bitte hilf mir in allem. Deine Kraft ist in meiner Schwachheit mächtig. Ich muss nicht alles können, alles tun und perfekt sein. Wer Nein sagen kann, sagt damit Ja zu sich und den eigenen Grenzen. Ich muss mich nicht verbiegen und liebenswert machen, um Liebe zu bekommen, weil ich von dir, Gottvater, schon unendlich geliebt bin. Ich muss mich niemandem beweisen. Jeder Tag ist ein GESCHENK. Jeder Sonnenstrahl, jeder Regenbogen und jedes Lächeln, das mir begegnet. Negativen Gefühlen, Lügengedanken, Ängsten, Forderungen anderer und Ablehnung gebe ich keine Macht mehr über mich, weil ich weiß, wer ich in Jesus bin. Du hast nur Gedanken der Liebe und Wertschätzung über mich. Ich weiß, dass mein Wert nicht in dem liegt, was andere über mich sagen oder denken, und auch nicht darin, wie sie mich behandeln, sondern allein in dem, was du, Gottvater, über mich denkst und sagst. Ich bin aus dir, Gottvater, geboren. Ich bin dein wunderbar erdachtes und mit Liebe erschaffenes Wunschkind.

Wenn du, Gottvater, für mich bist und mir den Weg ins LEBEN zeigst, wer kann da noch gegen mich sein? Mein Kampf richtet sich nicht gegen Menschen, sondern immer gegen geistige Mächte und Gewalten. Deshalb hilf du mir zu beten, denn in dir habe ich den Sieg.

Alles kommt zur rechten Zeit. Ich muss nicht hetzen oder etwas erzwingen. In dir wird mir nichts mangeln. Dein Friede, Heiliger Geist, breitet sich in mir und in meinem Leben aus. Meine Seele kommt in deiner Liebe und Fürsorge zur Ruhe. Du bist immer an meiner Seite und verlässt mich nicht. Ich VERTRAUE auf dich, den allmächtigen Gott, dem ich gehöre und der letztlich alle Macht und Verantwortung trägt. Du bist mein Vollender, dir gehört alle Ehre. Du befähigst mich täglich ein Stück mehr – für meine einzigartige Berufung, für alle Aufgaben und für alle Wege, die ich gehen soll. Meine Entscheidungen werden meine HOFFNUNG widerspiegeln, nicht meine Ängste. Du bist der Sieger, der über mein Leben wacht. Keine gegen mich geschmiedete Waffe wird erfolgreich sein, denn ich bin ein Kind des höchsten Gottes. Aus mir werden Liebe, Frieden, Freude, Geduld, Freundlichkeit, Güte, Treue, Sanftmut, Selbstbeherrschung fließen. Du, Papa, gibst mir nur Gutes, Gnade, Gunst, Gelingen, Zuspruch, Geborgenheit, Mut, Schutz, Sicherheit und den Siegestriumph über Widerstände. Gegenwind wird mir Aufwind schenken. Mit dir, Jesus, herrsche ich über mein Leben. Alles, was geschieht, wird mir zum Besten dienen, weil du mich darin lehrst und ich dazulernen möchte. Deine Wahrheit wird mich FREI machen.

Vater, bitte sprich und lehre mich. Ich will auf dich hören. Offenbare mir deine Liebe zu mir. Ich kann furchtlos und sorglos sein. Weil von dir, Gottvater, das JA über mir steht, kann kein Nein dieser Welt mich niederdrücken. Denn deine Liebe zu mir, Vater, ist größer als alles andere. Menschenliebe ist begrenzt, aber deine Liebe zu mir und dein Erbarmen über mich bestehen ewig und sind immer gleich, weil du LIEBE bist. Denn du, Jesus Christus, der Gott, der in mir ist, ist viel größer als der, der in der Welt ist. Schon vor

Grundlegung der Erde hast du, Gottvater, beschlossen, dass ich vor dir, als dein Kind, durch Jesus heilig und gerecht sein soll!

Papa, du hast große Freude an mir und deine Liebe und Gunst sind auf meinem Leben. Danke für deine Liebe und GNADE. Ja, durch deine große Gnade bleibe ich in deiner Liebe. Ich bin dein und du bist mein. Ich bin ein Geschenk an diese Welt und ein angesehener Mensch, weil du, ABBA Vater, und Jesus mich ansehen. Deine LIEBE und Aufmerksamkeit ist auf mir, egal, wo ich bin, was war oder ist. Fehler sind weder Schande noch Hindernis für mich, weil ich stetig aus ihnen lernen darf. Ich wachse und reife mit deiner gütigen Hilfe, durch Geduld mit mir selbst sowie mit anderen und deren Fehlern.

Ich lebe nicht aus meinen Wunden, sondern aus deiner Liebe zu mir, Jesus. Das Leiden, aus dem ich komme, bestimmt nicht meine ZUKUNFT. Mit dir überwinde ich die Welt und alles, was sich mir entgegenstellt. Liebevoll tröstest du mich und richtest mich wieder auf. Deine ewigen Arme halten mich, wärmen mich, auch wenn es kalt ist oder die Erde wankt. Deine Hände leiten mich in eine gute Zukunft. Ohne dich, Heiliger Geist, ohne deine Führung, Kraft und HILFE, kann ich nichts tun. Du allein kannst alles zu einem guten Ende führen. Du weißt alles besser, über allem steht dein letztes Wort. Deine WEISHEIT ist größer als meine und größer als die der anderen und der Welt.

Ich lasse nun alles los, was mich beschwert – meine Weisheit, meine erdachten Ziele, an die ich mich oft klammere, meine liebsten Menschen, meine Wunschzukunft, meine Lasten, Nöte und Ängste. Ich lege alles zu dir ans Kreuz und lasse es dort. Du kümmerst dich, du hast eine bessere LÖSUNG, einen genialeren Weg. Bei dir ist alles möglich zur rechten Zeit. Du bist mein Versorger. Verändere mich, erneuere mein Denken und leite mein Handeln. Ich vergebe anderen und auch mir selbst. Erlöse mich von negativem Reden und Denken. Heile meine verwundete Seele. Bitte, komm in meine Not und meinen Mangel und führe mich täglich in deine Liebe. Sprich deine Liebe und Wahrheit mit Klarheit in mein Herz. Komm, Geist Gottes, gib mir einen wachen und wachsamen Geist. Hilf mir zu lieben und achtsam zu leben. AMEN.

FREIHEIT von Menschenfurcht.
Hab den Mut, herauszutreten,
auszubrechen, aus Angst, Knechtung und Sklaverei.
Wo Menschen dich bestimmen
und mit schwerem belegen.
Setze Grenzen, liebevoll und doch bestimmt.
Vorbei ist es, mit der Knechtschaft,
bei und unter Menschen.
Die Freiheit der Kinder Gottes wartet.
Freiheit sind die Flügel der Kreativität meines Geistes.
Komm herauf von den Toten und steh auf,
in dem Weg, den ich dir ins Herz leg.
Hab Mut, mir zu
VERTRAUEN.
Mein Kind tue nichts anderes, als in meine
liebevollen Augen zu schauen.
Ich belebe und befriede dich.
Steh zu dir und deinem speziellen Auftrag von mir.
Geh in meiner Gnade, in Freiheit und genieße deinen Weg mit mir.
Lass dich in deinem Herzen von mir heilen und neugestalten.
LEBE und LIEBE, lass dich nicht aufhalten.
Weil ich in dir bin und hinter dir stehe
als dein allmächtiger Vater.

KAPITEL 10

Wege zur Ruhe mit Gott

Anregungen

Bitte Jesus, dich zu seinem Vater zu führen. In seine Ruhe und seinen Frieden. Denn nicht unser Dienen oder Tun, sondern allein die Beziehung mit Gottvater ist der Mittelpunkt. Nein sagen lernen zum ›Tun müssen‹, zu Hektik und Perfektion, Grenzen zu setzen – all das ist ein guter Weg. Zu wissen, dass Gottvater versorgt und dass die Welt sich auch ohne uns weiterdreht, entspannt.

Wenn wir aufhören können, bei Menschen zu suchen, was nur bei Gott zu finden ist, kommen wir zur Ruhe. Dinge wie echte Akzeptanz, wahre Liebe und Freundschaft, Verständnis, Trost, Schutz, Hilfe, Führung, Rat, Geborgenheit … finden wir nur bei Gottvater allein. Kein Mensch kann das wirklich alles für dich erfüllen. Lass dich von Gottvater versorgen, umsorgen, gesundlieben. Seine Liebe heilt alle Wunden.

Jede Krise ist ein Wendepunkt, ist die Gelegenheit, eine Entscheidung zu treffen und der Einladung an das Vaterherz Gottes zu folgen. Innere Ruhe und Freiheit bedeuten nicht, alles tun zu können und zu dürfen, sondern nicht alles tun zu müssen, weil wir in Gottvater alles gefunden haben und uns von ihm abhängig machen.

Auszeiten, Einsamkeit und Stille sind gute Helfer, um mit sich selbst und Gott Freundschaft zu schließen. Komm zur Ruhe und finde gemeinsam mit Jesus dein Herz, dein Innerstes, das bis jetzt verschüttet lag. Es liegt ein Schatz in dir verborgen, den nur Gottvater heben kann.

Einfach still sitzen oder liegen, das Herz und die Hände öffnen und auf Gottes Stimme lauschen.

Einfach nur sein. Einfach nichts tun.

Sich selbst im Geist in Gottes Vaterherz legen. Wie ein Kind auf Gottvaters Schoß krabbeln.

Schöne Wege entlang spazieren, mit offenem Ohr und Auge die wunderbare Schöpfung betrachten und genießen.

Feiere ein Bade-Fest, wenn du eine Badewanne hast. Stelle dazu Kerzen auf den Wannenrand und streue Rosenblätter aufs Badewasser oder setze eine Badeente hinein. Genieße die Wärme um dich herum. Tauche bewusst in die Liebe Gottes ein. Stell dir vor, wie diese Wärme, dieses Wasser dich mit Gottes Liebe umgibt. Sprich mit ihm darüber.

Unternimm kleine Ausflüge. Geh Eis essen. Mach eine Bootsfahrt. Oder spüre beim Radfahren, wie der Wind dir durchs Gesicht streift.

Fahre Inlineskates oder Rollschuhe. Lerne, das Leben in Freiheit mit Gottvater auch allein zu genießen.

Picknicke mit Gott. Pack eine Decke und etwas Leckeres ein und geh auf deine Lieblingswiese oder an deinen Lieblingssee. Dabei kann man auch sehr schön Abendmahl feiern.

Feiere das Leben, das dir geschenkt ist, und sag JA dazu.

Fädle Perlen für eine eigene schöne Kette auf. Verwende dazu deine Lieblingsfarben. Eine solche kostbare Perle bist auch du für Jesus. Bastle dir deine Krone. Setze sie dir auf, denn du bist so überaus wertvoll und ein Königskind Gottes.

Trinke eine große Tasse feinen Tee der Liebe Gottvaters und lass deine Seele baumeln.

Nimm ein warmes Fußbad. Stell dir vor, Jesus oder Gottvater würden dir die Füße waschen.

Nimm die inneren Bilder oder Worte des Heiligen Geistes und bringe sie durch Malen, Schreiben – als Text oder Melodie –, Tanzen, Singen oder Musizieren zum Ausdruck.

Lass dich dabei führen und lass dich kindlich vertrauend fallen. Bitte Gottvater wie ein Kind um Hilfe.

Feiere das Abendmahl und werde dir der Liebe Jesu und des Vaters darin bewusst. Erlaube Jesus, dein Retter und Freund zu sein. Erlaube Gott, dein Vater zu sein. Genieße das Abendmahl mit Jesus und Gottvater.

Höre ruhige, schöne Musik und entspanne im Liegen dabei. Du darfst dabei Tagträume mit Gott lebendig werden lassen.

Verbringe im Geist Zeit mit Jesus und Gottvater an Fantasieorten, an deinen Lieblingsorten. Beispielsweise über den Wolken, in einem Baumhaus oder einer Wasserburg. Du kannst dabei im Geist einfach nur still dasitzen oder liegen, du kannst aber auch fliegen, tauchen, spazieren, tanzen, springen … was auch immer dir gefällt.

Sprich verzerrte, negative Vaterbilder, Fehler, Schwachheiten, negative Gedanken und dergleichen vor Jesus aus. Sprich mit ihm auch über Hass, Groll, Wut und Scham, die du ihm oder Mitmenschen gegenüber empfindest. Bring alles zu ihm ans Kreuz.

Schreibe Dankesbriefe, Liebesbriefe, Trauerbriefe und Wunschzettel an Gottvater und lies sie ihm laut vor.

KAPITEL 11

Ermutigung

Gott aber kann viel mehr tun, als wir jemals von ihm erbitten oder uns auch nur vorstellen können. So groß ist seine Kraft, die in uns wirkt.
– Epheser 3,20 HFA

Lass den Geist Gottes in dir wirken. Gib nicht auf. Gott hat mehr für uns, als wir uns erdenken können. Wir sind von ihm für Größeres geschaffen, als in unseren Wunden und Schwachheiten zu leben. Er hat ein Leben in Fülle für dich. Freude, Gutes, Segnungen und Kostbarkeiten im Überfluss. Das Leben ist schön, auch wenn es in deinem Leben gerade noch nicht so aussieht. Aber »noch nicht« bedeutet, dass es kommen wird. Halte daran fest. Denk immer daran, wie kostbar du für Gott bist. Lebe geliebt. Wir sollten uns bewusst machen, in welchen Bereichen wir noch nicht in dem Bewusstsein leben, geliebt zu sein. Wobei reagieren wir noch wie ungeliebte, vergessene, abgelehnte Kinder? In der Beziehung zu Gott zu wachsen und im Glauben zu reifen, geliebt leben zu lernen, bedeutet, einen stetigen inneren Veränderungsprozess des Herzens zuzulassen. Beziehung an sich ist, ob in Freundschaft oder Ehe, eine stetige Baustelle, bei der unser Herz verändert wird. Gute, gesunde, lebendige und erfrischende Beziehungen sind Zeichen der Herzenserneuerung und guter Kommunikation.

Jesus wünscht sich in all dem Ausdauer von uns, nicht Perfektion. Wir wachsen an unseren Fehlern. Seine Gnade kommt dabei zum Vorschein. Aus der Gnade Gottes zu leben, bedeutet Kontrollverlust, Machtverlust. Wir haben unser Leben nicht mehr selbst im Griff. Seit wir Jesus unser Leben übergeben haben, gehört es ihm, doch manchmal möchte unser Ego es zurückhaben.

Sein Tod am Kreuz ermöglicht es uns, mit ihm und durch ihn unsere alten Wege des Fleisches hinter uns zu lassen, es zu töten. Angst, Zweifel, Egoismus, Stolz und andere Dinge dürfen gehen.

Wir dürfen lernen, auf seine Liebe zu uns, die er durch seinen Tod bewiesen hat, zu vertrauen.

Das ist nicht immer einfach, aber er macht unser Herz in diesem Prozess weicher und formbarer. Wir können unsere Seele erst richtig baumeln lassen, wenn unser Herz bei Gottvater zur Ruhe kommt.

Gott allein ist meine Burg, in der ich Zuflucht finde. Er ebnet mir meinen Weg. – 2. Samuel 22,33 HFA

Setze dein Vertrauen täglich auf Jesus und auf Gottvater und dessen Allmacht.

Er ist dein Retter, Vater und Freund. Er sorgt für dich. Halte ihm nur dein Herz entgegen. Wenn du es zulässt und ihm dein Ja dazu gibst, verändert er dich.

Wenn sich unsere Herzen ändern, verändert sich auch alles um uns herum.

Der Heilige Geist wirkt in dir. Er verändert die Umstände vielleicht nicht immer sofort, aber er verändert dich und mich in den Umständen. Er schenkt neue Denk- und Sichtweisen.

Bei Gottvater dreht sich alles um unser Herz. Er ist der König der Herzen. Ich finde das sehr romantisch. Unser Herz ist von Natur aus mit Unrat gesättigt. Als Ergebnis der negativen Erfahrungen und Traumata unseres Lebens ist es oft stur, egoistisch und mehr oder weniger stark verletzt. Das will Gottvater liebevoll und zärtlich heilen und unsere Herzen wiederherstellen, damit wir unser Leben mit ihm in Freude, Gelassenheit, Ruhe und Dankbarkeit genießen können.

Ton ist kostbar. Doch nur der Ton, der gereinigt ist, der von Unrat und Steinen befreit wurde, kann zu einem feinen, schönen Gefäß geformt und gebrannt werden. Das ist der Prozess, den jedes Tongefäß durchlaufen muss. Gott ist der Töpfer, wir sind der Ton.

Wenn wir Jesus wirklich nachfolgen wollen, werden wir uns früher oder später zu unseren eigenen Gunsten darauf einlassen müssen. Denn das bedeutet echte, dauerhafte Herzensveränderung.

So wie das kostbare Alabastergefäß in der biblischen Erzählung von Maria zerbrochen wurde, um das nicht weniger kostbare, wohlriechende Nardenöl für Jesus freizusetzen, so muss auch unsere menschliche, egoistische Natur zerbrochen werden, damit aus unserem Inneren der Schatz des Lebens als Wohlgeruch frei fließen kann.

Und als er [Jesus] in Betanien war im Hause Simons des Aussätzigen und saß zu Tisch, da kam eine Frau, die hatte ein Alabastergefäß mit unverfälschtem, kostbarem Nardenöl, und sie zerbrach das Gefäß und goss das Öl auf sein Haupt. – Markus 14,3 LUT

Gott zu vertrauen ist der Schlüssel zur Heilung für alle unsere seelischen, körperlichen und geistigen Probleme und für jede Herzensangelegenheit. Alle Bereiche sind davon betroffen: Liebe, Sexualität, Beziehung, Erfolg, Kreativität, Zukunft, innere Gelassenheit, um nur einige zu nennen. Da, wo du vertraust, hast du Leben. Da, wo du misstraust, geht alles nur schwer voran oder geht sogar zugrunde.

Vertraue auf den HERRN von ganzem Herzen und verlass dich nicht auf deinen Verstand. – Sprüche 3,5 SLT

Vieles von der Not und den Problemen in unserem Leben lässt sich nicht mit dem menschlichen Verstand und weltlichen Lösungssystemen beheben, sondern nur durch Vertrauen zu Gott und in seine Lösungen zu seiner Zeit. Das erfordert Geduld, Geduld und nochmal Geduld.

Diese Geduld ist das Gewürz für unsere Seele, das uns reifen lässt.

Leben beginnt da, wo unsere Seele, unser Denken und Handeln bei Gott zur Ruhe kommen.

Wer entspannt und fröhlich leben will, kann das nur, wenn er im Herzen Gott vertraut. So wie kleine Kinder voll vertrauen, so sollen auch wir voll vertrauen. Abba-Papa ist immer bei uns.

Einer Freundin von mir, die immer gewissenhaft und vorbildlich für andere da war, sagte Gottvater einmal in einem Gottesdienst: »Geh spielen.« Sie hatte selten auf sich geachtet, immer nur für andere gelebt. Ab diesem Tag begann sie, etwas für sich zu tun; sie nahm Geigenunterricht und entdeckte die Welt und das Leben mit Gottvater nochmal ganz neu. Sie fing an, es wirklich zu genießen.

Genießt du dein Leben mit Gottvater? Fang damit an, es lohnt sich. Er gab es dir nämlich nicht zum Verschleudern oder um es aufs Spiel zu setzen, sondern um achtsam damit umzugehen.

Sei achtsam mit deinem Inneren, mit deinem Körper und mit den Menschen in deinem Umfeld. Entdecke durch Jesus das Licht in dir.

Lebe jeden Tag bewusst und voller Dankbarkeit. Dunkelheit gibt es gerade genug um uns herum.

Oft ist es so, dass wir das helle Licht Gottes nicht wirklich spüren und genießen können, solange wir das Dunkle in uns noch nicht erkannt haben. Wie soll sich jemand, der das Weinen nicht kennt, dankbar freuen können? Erst wenn wir erkennen, wie tief unsere seelischen Abgründe sind, fangen wir an, wieder dankbare Menschen zu werden, die andere nicht dauernd beurteilen und verurteilen. Wir bewerten dann nicht ständig. Das ist ein Prozess, der nicht von heute auf morgen vollzogen ist, aber er lohnt sich, weil er auf einen guten, wertvollen Weg führt.

Lass dich also nicht hetzen, entmutigen oder zermürben. Lebe achtsam.

Überdenke dein Handeln und Reden mit Bedacht.

Wissen spricht vieles, doch Weisheit hört auf den Geist Gottes.

Streue auf alles, was du sagst und tust,
ob bergab oder bergauf,
immer Liebe oben drauf.
K.V.

Halte inne, werde still,
höre auf des Vaters Stimme,
was er dir sagt und was er will.
K.V.

Der Heilige Geist hält dich auf dem Weg der Liebe. Entschließe dich täglich neu für den Weg der Liebe.

Darin sind wir vollkommen von seiner Hilfe abhängig. Liebe ist geistliche Kampfführung. Vergebung mit Jesu Kraft und Hilfe ist unser Schwert. Er macht uns zu Überwindern. Wir halten an Gottvaters Liebe fest. Menschen können uns nicht wirklich helfen, sie können mit uns beten, uns Wege aufzeigen und uns ermutigen. Aber all das kann Gottvater noch sehr viel besser. Denn er spricht die speziell zu unserer Situation passende Ermutigung direkt in unser Herz. Wir finden das, was uns im Inneren fehlt, nicht im Äußeren. Nur Gott mit seiner Liebe und Fürsorge kann diese innere Leere in uns wahrhaft erreichen und uns helfen.

In die ganze Freiheit der Kinder Gottes zu kommen bedeutet daher Freiheit von seelischen Abhängigkeiten.

Frei ist, wer Menschen oder auch Umstände und Dinge lieben kann, ohne sie seelisch unbedingt zum Glücklichsein zu brauchen. Diese Sucht nach äußerem Glück stürzt uns oft ins Unglück. Gott ist alles Glück, was wir wirklich brauchen. Wir sollen lernen, in ihm und mit ihm glücklich zu sein. Alles andere, was unser Herz begehrt, ist dann ein Geschenk von ihm. In der Bibel steht es so: »Habe deine Lust am Herrn, so wird er dir geben, was dein Herz begehrt« (Ps 37,4).

Glücklich mit Jesus und Gottvater zu sein bedeutet, Gott zum Mittelpunkt zu machen.

Mein Weg in die Freiheit begann, als ich aufhörte, anderen zu folgen und ihrem Rat nachzujagen.

Ich war voll mit menschlichen Worten und Weisheiten, aber was Gottes Stimme und Wegweisung anging, herrschte Leere in mir.

Eine Zeit lang war ich so voll von Menschenworten, dass ich Papas Stimme, die zu mir sprach, kaum noch wahrnahm. Es war so einfach, sich von anderen mit Rat und Liebe bedienen zu lassen. Ich musste keine lebendige Beziehung zu Gott pflegen – was nicht immer supereinfach ist, sondern manchmal ganz schön herausfordernd. Doch ich bat ihn, mir dabei zu helfen, auf ihn zu hören und ihn zu lieben, und genau das tat er dann auch. Das Leben mit ihm wird immer erfüllender und schöner, je länger und je mehr wir an seiner Seite sind.

Bedenke: Eine unvorstellbare Herrlichkeit wartet auf alle, die Gott lieben (siehe 1Kor 2,9).

Eine Zeit lang dachte ich, wenn ich mich anpasse, wenn ich allen anderen einfach hinterhertrotte, wird schon alles irgendwie gut werden. Doch ich wurde dabei zu einer Statistin im eigenen Leben, die sich von den Brotkrumen der anderen ernährte. Und die machten nicht wirklich satt.

Wenn wir das erkannt haben, können wir zur Ruhe kommen und uns an der Liebe Gottvaters sättigen. Wir sind dann bis zum Überlaufen voll mit seiner Liebe und seiner Ermutigung, weil beides direkt von ihm und nicht aus zweiter Hand kommt. Ich begann wieder vermehrt, seine lieben und ermutigenden Worte und Sätze an mich und seine Antworten auf meine Fragen aufzuschreiben, wie ich es anfänglich getan hatte. Das beruhigte mich in meinem Alltag und dem öfter darin herrschenden Chaos. Ich konnte das Aufgeschriebene nachlesen, darüber nachsinnen und weitere Fragen stellen, was mich innerlich stabilisierte. Es ist wie bei einem Ei. Wird das Ei von innen heraus aufgebrochen, entsteht Leben. Wird es hingegen von außen aufgebrochen, wird das Leben darin getötet oder immer schwach bleiben und kaum wachsen. Das Gleiche gilt für das, was Gottvaters Liebe in uns tut – nur was im Inneren ungestört wachsen kann, wird uns stark und widerstandsfähig machen. Wird das Innere stattdessen von äußeren Einflüssen bestimmt und kontrolliert, kann das, was dort an Leben entsteht, geschwächt oder gar zerstört werden.

Die Welt wird immer kälter und die Liebe wird gegen Konsum, Kaltherzigkeit, Äußerlichkeiten, Egoismus und Macht eingetauscht. Bei Gottvater, auf seinem

Schoß, bleibt es immer kuschelig warm; dort herrscht die Liebe, weil er Liebe ist. Krabble täglich auf seinen Schoß, genieße seine übernatürliche, bedingungslose Liebe zu dir. Bei ihm musst du nichts tun, um von ihm geliebt zu sein. Du musst nie etwas *für* Gottvater tun, denn was du tust, tust du immer nur *mit ihm*. Es hat seinen Ursprung in seiner Liebe zu dir und kommt aus seinem Überfluss; da ist keinerlei Leistungsdenken. Wenn du bei ihm und in seiner übernatürlich großen Liebe für dich bleibst, bleiben er und seine Liebe in dir. Er wird dich belohnen, wenn du ihn aufrichtig suchst. Strecke einfach deine kleinen Hände zu ihm empor und bitte ihn. Lass sie von ihm füllen. Er sagt in der Bibel, dass er uns an die Hand nimmt und uns hilft.

> *Denn ich bin der Herr, dein Gott [dein Vater], ich fasse dich bei der Hand und sage zu dir: Fürchte dich nicht! Ich selbst, ich helfe dir! – Jesaja 41,13* GNB

In diesem völligen Vertrauen können wir weitergehen, wir können alles überwinden und durch alles hindurchgehen. Er gibt uns Kraft zur rechten Zeit. So wie ein kleines Kind weiß, dass es ohne den Vater oder die Mutter nicht viel tun kann, so sollen auch wir völlig abhängig von Gott und seiner Hilfe sein. Gottvater, der Heilige Geist und Jesus lieben es, wenn wir sie immer und bei allem um Hilfe bitten. Papa hat dich lieb, denke immer daran. In den drei Burnouts, durch die ich ging, lernte ich, dass ich ohne die Hilfe und Kraft Gottvaters und seines Heiligen Geistes nicht einmal atmen, aufstehen, mich waschen und erfolgreich die Toilette aufsuchen kann. Das machte mich sehr klein, demütig und abhängig. Heute bitte ich meine göttliche Familie bei allem um Hilfe, selbst bei der kleinsten Kleinigkeit. Ohne sie geht nichts, gelingt nichts wirklich und alles ist viel anstrengender. Kindsein auf Papas Schoß ist nicht anstrengend. Sein Joch ist leicht. Daher bin ich heilfroh, in allem von ihm abhängig zu sein. Diese Abhängigkeit ist das Beste, was uns passieren kann. Denn unser Papa will immer nur das Beste für uns.

Durch Umkehr und Ruhe wirst du gerettet, durch Stillsein und Vertrauen wirst du stark werden (siehe Jes 30,15).

JES.46 3,4
Katja Vofeler
2007

KAPITEL 12

Leben in der Liebe und Ruhe Gottvaters

Bist du oft MÜDE, abgekämpft, AUSGEBRANNT, erschöpft, GETRIEBEN? Fühlst du manchmal Leere in deiner Brust?

Wir alle haben ein Loch in unserem Herzen, das nur Gottvater ausfüllen kann.

Nehmt auf euch mein Joch und lernt von mir; denn ich bin sanftmütig und von Herzen demütig; so werdet ihr RUHE finden für eure Seelen.
– Matthäus 11,29 LUT

Der Versuch, Gott und Menschen zu gefallen, verhindert oft die »als Gottesgeschenk« gegebene tiefe Erfahrung der barmherzigen Vaterliebe Gottes.

Im Leben mit Gott geht es nicht um höher, schneller, weiter, größer, besser.

Vielmehr geht es um TIEFER, LIEBEVOLLER, LANGSAMER, BEWUSSTER, ACHTSAMER, FRIEDVOLLER.

Als Christen sind wir oftmals Arbeiter und Aktivisten für Gott, vergessen aber häufig, dass alles aus dem KINDSEIN, aus dem SEIN und der Ruhe in ihm kommt und dass die Beziehung zu ihm an erster Stelle steht. Kinder müssen sich nicht beweisen. Sie vertrauen darauf, geliebt zu sein, ohne es sich mit gut gemeinten Aktionen zu erarbeiten oder zu erkämpfen. Du kommst durch Jesus in den Himmel, und nicht durch deine leistungsorientierten guten Werke.

Jesus ist die Tür zum Vater.

Jesus kam in erster Linie, um uns zum Vater zu führen, nicht um uns zu seinen leistungsfähigen Arbeitern und Knechten zu machen. Gott ist ein Beziehungswesen und keine Arbeitsvermittlung oder himmlische Firma, der es um Zahlen, Erfolg und Profit geht. Weil Gottvater Liebe ist, stellt er stets die Liebe und die Beziehung zu IHM und zu den Menschen in den Mittelpunkt. Alles fließt aus der vertrauenden kindlichen Vaterbeziehung zu Gottvater – Liebe, Annahme, Gunst, Zuwendung, Rat, Entspannung, Leichtigkeit, Versorgung, Wegweisung, Heilung, Befreiung, Heiligung und unser Wollen und Vollbringen.

Selbst gewirkte Heiligung ist ein ruheloses Selbsterlösungswerk und führt zu verkrampfter Geistlichkeit.

Wahrhaft lieben, leben und loslassen können wir erst, wenn wir Liebe, Geborgenheit und Sicherheit in Gottvaters Liebe gefunden haben.

FREIHEIT bedeutet nicht, alles tun zu dürfen, sondern nicht alles tun zu müssen.

Solange du von deinen Leistungen und deinem Tun getrieben wirst, bist du kein freier Mensch. Entspanne doch mal wieder. Komm und genieße das Leben. Dein Leben.

Für deine Erlösung hat Jesus alles getan. Du bist gerecht durch Jesus allein.

GOTTES KÖNIGSKIND SEIN.

Einfach nur sein. Öfter mal nichts tun. Pause machen, zur RUHE kommen. Nichts müssen. Es aushalten lernen, nichts zu tun. Nichts unbedingt erzwingen wollen. Gedanken in Gottvaters Hände legen. Auf seinem Schoß sitzend alles erzählen, weinen, sich trösten lassen, vergeben, Wünsche und Nöte loslassen lernen.

Ja sagen zu dem Weg, annehmen, Altes loslassen und Gottvaters Liebe genießen.

LEBEN.

Gottvater will uns gerne kindliches Vertrauen lehren. Er will uns zeigen, wie wir auf seinem Schoß zur Ruhe kommen, wie wir mit Geduld und Ausdauer in seiner Liebe bleiben und an seinem Herzen verweilen. Leistung, Schnelligkeit, Perfektion und Vollkommenheit zählen nicht.

Finde deinen persönlichen Rhythmus mit dem Vater.

Höre auf seinen persönlichen Rat. Komm bei ihm, in seiner Liebe, zur Ruhe.

Er spricht zu dir: »ICH will dich unterweisen und dir den Weg zeigen, den du gehen sollst. ICH will dich mit meinen Augen leiten« (Ps 32,8 LUT).

Du wirst draußen nicht finden, was dir im Inneren fehlt.

Arbeit und Perfektion werden dein Inneres nicht dauerhaft erfüllen.

Menschen, Lob und Anerkennung sind kein heilendes, erfüllendes Brot für das Loch in unserer Seele.

KAPITEL 13

Mein geliebtes Kind, komm in meine Arme

Sei mein Kind.
Finde deine Heimat und deinen Frieden bei mir.
Denn ich werde dich ewig lieben,
auch wenn du von Menschen abgelehnt wirst.
Ich werde dich halten und zu dir halten,
wenn du verlassen wirst.

Ich nehme dich herzlich an, mit allen Schwächen, die du hast,
und allen Fehlern, die du machst.
Ich werde dich wärmen, wenn dir kalt ist.
Ich bin immer für dich da und höre dir immer zu,
auch wenn sonst keiner für dich da ist.

Ich freue mich an dir, weil du mein geliebtes Kind bist.
Ich beschenke dich jeden Tag, weil ich dich so sehr liebe.
Ich gebe dir Weisheit und guten Rat, wenn du nicht weiterweißt.
Ich werde dir Mut zusprechen und dir Kühnheit geben,
wenn du zögerst und Angst hast.
Ich streichele dich liebevoll und tröste dich,
wenn du Trost brauchst.

01
2005

Ich gebe dir Ruhe in den Unruhen dieser Welt.
Ich schenke dir Frieden, auch wenn Bomben fallen.
Ich wische dir zärtlich die Tränen ab, wenn du weinst.
Ich werde zur rechten Zeit dein Arzt und Heiler sein.
Ich lache glücklich mit dir, wenn du Spaß hast.

Ich gebe dir Hilfe, auch durch Menschen,
in deiner ganzen Hilflosigkeit.
Ich werde dir Kraft geben, wenn du schwach bist.
Ich werde dir weiterhelfen,
wenn du krank und orientierungslos bist.
Ich gebe dir Halt, wenn du verzweifelt bist.
Ich werde dich lehren, wenn du es nötig hast.
Ich werde dir Geborgenheit schenken und dir ein Zuhause sein,
wenn deine Welt zerbricht.

Ich bin bei dir,
zu jeder Zeit und an allen Orten deines Lebens.
Ich werde dir geben, worum du mich von ganzem Herzen bittest.
Ich werde dich mit meinen Augen leiten.
Dein himmlischer ABBA-Vater.

KAPITEL 14

Abendmahl

Abendmahl - Himmlische Medizin

Früher dachte ich, das Abendmahl sei ausschließlich in Gemeinschaft mit anderen zu nehmen.

Doch dann sagte mir ein bekannter Seelsorger in einem Seelsorgehaus, dass ich es auch alleine mit Jesus nehmen könne, um zu heilen. Durch die Traumata und den sexuellen Missbrauch, die ich in meiner Kindheit erlebte, hatte ich mit starker Depression, Ängsten, Minderwertigkeitsgefühlen und Unsicherheit zu kämpfen.

Doch nun wurde ich voller Hoffnung, dass ich Heilung von meinen negativen Lebensmustern erfahren könnte.

Diese Entdeckung war etwas so unglaublich Großes und Erstaunliches für mich und sie gab mir eine ganz neue Freiheit. Der Heilige Geist sprach zu mir und offenbarte mir im Abendmahl himmlische Wahrheiten und viel Befreiendes.

Ich fing an, es immer dann zu nehmen, wenn er mich daran erinnerte, oder zu Zeiten, die mir besonders wichtig waren. Es wurde für mich zum gemeinsamen Heilungs- und Liebesmahl mit meinem Gott und Retter.

Ich kaufte mir schöne Gefäße, mit denen ich es feierte.

In Zeiten der Not, Trauer und Angst, wenn die Herausforderungen groß und der Seelenschmerz tief waren, nahm ich es manchmal bis zu drei- oder fünfmal täglich. Noch heute nehme ich es fast täglich, und manchmal, wenn es hart auf hart kommt und mich der Heilige Geist dazu auffordert, wende ich es auch wie früher an. Es half mir tatsächlich, meine negativen Gedanken gefangen zu nehmen und zu reinigen, in Jesu Liebe zur Ruhe zu kommen und mein gesamtes Inneres auf Gott auszurichten.

Es war oft wie ein Katapult in die liebende Gegenwart meines Retters. Jesus stand oftmals direkt vor mir, sobald ich Brot und Wein in der Hand hielt. Ich zitterte häufig vor tiefster Ehrfurcht, Respekt und ekstatischer Freude. Seine Gegenwart war deutlich spürbar und absolut überwältigend.

Ich fand heraus, dass diese Art von tiefer Gemeinschaft mit Gott mich geistig, seelisch und körperlich gesund hält. Leben begann sich in mir auszubreiten. Ich nahm wirklich Jesus' Liebe und Gegenwart jedes Mal tiefer in mich auf. Ich vergleiche es mit einem Glas Schmutzwasser, in das das Blut Jesu jedes Mal hineintropft, wenn ich das Abendmahl nehme. Es füllt sich mehr und mehr mit seiner Herrlichkeit, die den Schmutz in meinem Herzen allmählich verdrängt. Wahrhaftiges Leben zieht ein. Jesus nimmt immer mehr in mir zu.

Jesus sagt: »Ich bin der Weg, die Wahrheit und das Leben« (siehe Joh 14,6).

Also nimmt das göttliche Leben Jesu in uns zu, sooft wir das Abendmahl nehmen.

Ich spürte, dass es mir umso schneller geistliche Wahrheiten offenbarte, je öfter ich es nahm. Große Erschöpfungszustände wurden seltener und Konzentrationsstörungen immer weniger. Die Geschwindigkeit, mit der unsere Vertrauensbeziehung zueinander wuchs, nahm zu. Ich lebte im ständigen Gespräch mit ihm. Es gab einen fortlaufenden Austausch, wie er auch in einer engen Freundschaft oder einer Ehe stattfinden sollte. Die Depressionen nahmen stetig ab. Lebensfreude trat an ihre Stelle.

Wenn ich das Abendmahl seltener nahm, sodass mehrere Tage oder Wochen dazwischen lagen, stellte ich zunehmend Unsicherheit fest und meine geistige, seelische und körperliche Verfassung wurde labiler.

Auf gar keinen Fall wollte ich das; ich wollte stabil bleiben und mehr von Jesus und seiner Liebe bekommen.

Es verblüffte mich, wie wertvoll dieses Geschenk des Abendmahls für mich war. Es ist echte, himmlische Medizin, die durch Jesu Gnade in einer Beziehung mit ihm wahrhaftig wirkt.

Die Bibel sagt es so:

> *Wenn ihr nicht das Fleisch des Menschensohnes esst und sein Blut trinkt, so habt ihr kein Leben in euch. Wer mein Fleisch isst und mein Blut trinkt, der hat ewiges Leben, und ich werde ihn auferwecken am letzten Tag. Denn mein Fleisch ist wahrhaftig Speise, und mein Blut ist wahrhaftig Trank. Wer mein Fleisch isst und mein Blut trinkt, der bleibt in mir und ich in ihm.*
> *– Johannes 6,53–56* SLT

Jesus und seine Kraft und Herrlichkeit werden in uns mit jedem Mal, wenn wir das Abendmahl nehmen, zunehmend stärker und größer und er wird in uns immer lebendiger und wahrhaftiger. Das ist zumindest die Erfahrung, die ich gemacht habe.

Manchmal ist es so wie bei einer Packung Tabletten, bei der sich die Wirkung nicht schon mit der ersten Tablette entfaltet, weshalb man die vom Arzt verordnete Dosis beharrlich Tag für Tag schluckt. Aber weil unser Arzt Jesus heißt, kann es vorkommen, dass die ganze Kraft der Heilung auch gleich beim ersten Mal im Abendmahl sichtbar wird – ganz wie der Geist es gibt und schenkt.

Ich feiere das Abendmahl natürlich auch sehr gerne in Gemeinschaft mit anderen. Aber alleine, nur mit Jesus, feiere ich es überall, wo es schön und ruhig ist. Im Hotel oder im Park zum Beispiel.

Sogar auf Spaziergängen und Wanderungen nehme ich es an einem schönen, ruhigen Ort zu mir. Ich habe zu diesem Zweck eine kleine Box und ein umfunktioniertes Schnapsfläschchen mit Wasser, Saft oder Wein dabei. Man kann alternativ einen normalen Keks, ein Stück Brot oder auch mal Schokolade verwenden. Jesus sprach einmal zu mir, dass Schokolade die Süße seines Opfers für uns verdeutlicht. – Die Süße des ewigen Lebens mit Jesus, das er uns aus Gnade darin schenkt.

Hier noch ein paar Anregungen aus meinem Herzen, wie man Abendmahl feiert.

Abendmahl ist kein angstvolles Ritual, bei dem wir für Fehler bei der Durchführung büßen müssen. Wir brauchen uns nicht erst zu reinigen, indem wir zum Beispiel peinlich genau allen vergeben, die uns wehgetan haben. Es gibt auch keinen Zwang, nur ganz bestimmtes Brot zu verwenden. Wie oft verbauen wir uns durch diese falschen Lehren der Angst das vollkommen Gute, das Gott uns geben will? Ich selbst durfte hierin nun frei werden von dem gesetzlich-religiösen Eifer, alles richtig machen zu wollen und zu müssen. Auch hierbei durfte ich Kind werden.

Gottvaters Kind. Vertrauend und unperfekt.

Das Abendmahl ist ein tiefes Sichöffnen in einer Vertrauensbeziehung zwischen dir und deinem Bräutigam, Freund, Schöpfer und Retter. Ja, durch Jesus und sein reinigendes Blut wirkt es in uns sogar als Reiniger. Es löscht alles Negative in uns immer mehr aus. Er bleibt in uns und wir bleiben in ihm (siehe Joh 6,53–56). Das ist eine übernatürliche Realität mit Durchschlagskraft.

Nun zum Abendmahl: Danke Jesus für seinen Tod am Kreuz, für jeden Tropfen Blut, für seine Schmerzen und für seine Liebe zu dir, die er mit seinem Tod bewiesen hat. Denn er starb, um deine Schuld zu sühnen und die Strafe für deine Sünde zu bezahlen, damit du entspannt leben kannst und dich nicht anklagen lassen und dich nicht schlecht oder schuldig fühlen musst. Leg nun das Brot oder den Keks auf einen kleinen Teller und gieß den Wein oder das Wasser in ein kleines Glas, dann segne beides im Namen Jesu. Bitte Jesus nun, tiefer in dein Herz zu kommen, bitte ihn, Fleisch und Blut in dir zu werden und in Liebe, Kraft, Weisheit, Reinigung und Besonnenheit in dir aufzustehen. Erlaube ihm, dich ganz zu durchdringen. Bitte ihn, seine Gedanken zu deinen werden zu lassen, damit seine Liebe dich in der Tiefe deiner Seele erreichen und heilen kann.

Übergib IHM deinen Geist, deinen Leib und deine Seele. Stelle dich ganz unter seine liebende Herrschaft.

Danke ihm für sein Opfer, das er am Kreuz für dich erbracht hat. Gib ihm deine Sorgen, Ängste und Fehltritte.

Sprich mit ihm über deine Ängste, negativen Gefühle und Gedanken. Lege sie an seinem Kreuz ab. Erzähle ihm doch, wie sehr du ihn liebst und brauchst. Finde deine eigenen Worte.

Werde nun still und höre, was er aus seinem Herzen zu dir sprechen will. Schreibe es möglichst auf.

Danke ihm nochmal für seine Liebe und Gnade zu dir.

Dann iss das Brot und trinke den Wein. Nun kannst du dich vom Geist leiten lassen.

Bleibe noch eine Weile in der Stille vor ihm. Vielleicht magst du noch singen, tanzen oder ein Instrument spielen.

Finde deine eigenen Worte, entwickle deine eigene Liebes- und Herzenssprache zu Jesus.

Er freut sich, wenn du ganz du selbst bist.

Die exakte Reihenfolge beim Abendmahl ist nicht unbedingt wichtig. Mach es so, wie es der Heilige Geist dir zeigt und eingibt.

Wichtig ist nur, dass du es überhaupt regelmäßig tust und für dich darin einen tiefen Begegnungsort mit Jesus, dem Vater und dem Heiligen Geist findest.

Du schaffst damit einen Raum der Gottesbegegnung, der Stärkung und Heilung für deine Seele.

Sei gesegnet darin.

Du gibst mir den Schild deines Heils,
(du beschützt mich und hilfst mir)
und deine liebende Zuneigung macht mich groß.
Du machst mir Raum zum Gehen,
(führst mich von der Enge in die Weite)
und meine Füße wanken nicht.

2. Samuel 22,36–37

KAPITEL 15

Gebet

Es gibt Tischgebete, Morgengebete, Abendgebete … Gebete, die wie eine Art Gedicht aufgesagt werden und die uns helfen, beten zu lernen. Oft sind sie aber nur eine Hilfestellung für den Anfang, bis wir unsere eigenen Worte und Sätze im Herzen gefunden haben. Die müssen wir aber erst suchen, was sehr wichtig ist, denn wer sucht, wird finden.

Es gibt das Fürbittegebet, das uns daran erinnert, für unsere Mitmenschen, ob gut oder schlecht, zu beten und vor Gott einzutreten.

Es gibt das Segensgebet, das uns und andere ins gute Leben hinein segnet und ermutigt.

Es gibt das Kampfgebet, bei dem wir an den Verheißungen Gottes für uns festhalten und sie uns nicht durch Lügengedanken oder Umstände rauben lassen, die uns zermürben wollen.

Diese Gebete sind alle sehr gut und auf ihre Weise sehr wichtig und richtig.

Und dann gibt es noch das »Vater unser«-Gebet, das uns ganz praktisch zeigen will, wie wir mit unserem himmlischen Vater als seine Kinder reden können und dürfen. Jesus möchte uns damit klarmachen: »Schaut mal, da ist euer himmlischer Papa, der täglich auf euch wartet.« Wir dürfen unserem Herzen freien Lauf lassen, auf eigene Weise kreativ werden und reden, wie uns der Schnabel gewachsen ist. Gottvater hält das aus. Er kennt dich ja, hat dich geschaffen und weiß über alles, was in dir ist, Bescheid.

Für mich persönlich bedeutet Gebet außerdem, die Beziehung mit meinem liebevollen, sich mir zuwendenden, aufmerksamen, versorgenden Gottvater praktisch auszuleben. Daraus resultiert oder entspringt alles andere. Gebet ist eine tiefe, innige, intime Beziehung mit Gott und keine langweilige tägliche Pflichtübung.

Wenn wir jemanden kennenlernen wollen, gelingt uns das nur, wenn wir Zeit miteinander verbringen und viel miteinander reden. Genauso ist es mit Gott. Er sieht alle unsere Wünsche und Bedürfnisse, aber sein Ziel ist es, dass wir mit ihm sprechen. Gott möchte eine Beziehung mit uns haben, weil er ein Beziehungswesen ist. Er selbst besteht in seiner Dreieinigkeit aus Beziehung.

Gebet bedeutet Herzensaustausch mit Jesus, mit dem himmlischen Vater und mit dem Heiligen Geist.

Es spielt keine Rolle, wem von ihnen du gerade mehr vertraust; rede und erzähle ihm einfach aus deinem Herzen.

Du bist als ihr Kind in ihrer Mitte und sie hören dir zu. Alle drei. Jede Sekunde des Tages und der Nacht, alle Tage deines Lebens. Gott ist alles wichtig. Nichts, was dich bewegt und beschäftigt, ist ihm unwichtig. Schließlich bist du ihm das Wichtigste. Denn er liebt dich und will dir Gutes tun.

Eine Beziehung zu Gott ist sozusagen ein 24-Stunden-Gebet. Beim ersten Blinzeln am Morgen fängt es an, geht beim Duschen, Frühstücken, Autofahren, Busfahren, Arbeiten, Putzen, Kindererziehen, Auf-der-Toilette-Sitzen, Sportmachen, Freundetreffen, Pausemachen, Ins-Kino-Gehen, beim ehelichen Sex weiter und hört abends beim Einschlafen wieder auf. Wie eine Beziehung eben ist. Wir führen ja auch keine Ehe, bei der wir mit unserem Partner kaum reden. Gott ist unser Partner und Freund. Reden mit Gott und mit Menschen ist lebendig, es ist eine Quelle, aus der wir schöpfen und die uns guttut. So fühlen wir uns nie allein. Die Leichtigkeit des Herzens und das Vertrauen wachsen durch Gebet, Geduld und Zuhören. Gottes liebevolle, kraftvolle Worte können wahrhaft verändern und heilen. Das geschieht durch sein Wort in der Bibel, aber ebenso durch sein Wort im persönlichen Gespräch, im Gebet mit ihm.

Viele Menschen fühlen sich oft einsam und allein gelassen. Wenn sie erkennen würden, dass direkt neben ihnen der allmächtige Gott sitzt, der gerne mit ihnen reden würde, dann würden sie sich nicht mehr einsam fühlen. Du hast immer einen Gesprächspartner, der jederzeit darauf brennt, deine Worte zu hören. Stell dir einfach vor, Jesus oder Gottvater sitzt neben dir oder dir gegenüber, und du erzählst dann von dir, von deinen Freuden und deinem Schmerz, von deinen Wünschen, davon, was du brauchst, und worüber du sonst noch reden willst.

Gebet heißt Beziehung leben mit Gott – mit ihm reden, das Herz ausschütten, sich austauschen, sich mitteilen und stetig bei allem um Hilfe und Weisheit bitten. Es bedeutet zuhören, sich ermutigen lassen, sich etwas Neues sagen lassen und sich darin weiterentwickeln. Es führt dazu, dass wir reif werden, bewirkt eine ständige Erneuerung unseres Sinnes und lässt uns umdenken und dazulernen. Wir lernen leben, wir lernen lieben, wir lernen vergeben; wir lernen dazu, bis wir heimgehen. Gottvater schenkt uns Träume, er hat Großes für uns, aber er kann es uns oftmals erst geben, wenn wir uns von ihm befähigen lassen und uns weiterentwickeln.

Er möchte, dass wir unser volles Potenzial entwickeln, um in die Aufgaben und Dinge hineinzuwachsen, die er für uns geplant und vorbereitet hat. Wir dürfen in dieser Welt etwas bewirken. Doch all das kommt aus ihm und seiner Gnade und geschieht mit seiner Hilfe, und nicht aus unserer eigenen Kraft.

Die Bibel beschreibt es so:

Passt euch nicht den Maßstäben dieser Welt an, sondern lasst euch von Gott verändern, damit euer ganzes Denken neu ausgerichtet wird. Nur dann könnt ihr beurteilen, was Gottes Wille ist, was gut und vollkommen ist und was ihm gefällt. – Römer 12,2 HFA

Jetzt habt ihr neue Kleider an, denn ihr seid neue Menschen geworden. Gott ist beständig in euch am Werk, damit ihr immer mehr seinem Ebenbild entsprecht, nach dem er euch geschaffen hat. So habt ihr Gemeinschaft mit Gott und versteht immer besser, was ihm gefällt. – Kolosser 3,10 HFA

Gebet – Beziehung mit Gott – verändert uns zum Positiven.

Es macht uns fähig, gesunde Beziehungen zu führen. Gelassenheit, Ausgeglichenheit, Friedfertigkeit, Freundlichkeit, Mitteilungsfähigkeit, Teamfähigkeit, Kritikfähigkeit, Konfliktfähigkeit – all das und noch viel mehr wird dadurch gefördert.

Wir haben jederzeit die Möglichkeit, Probleme und Negatives bei Gott abzuladen. Aber nicht nur das, wir können uns von ihm auch ermutigen lassen und uns mit seiner Hilfe neu orientieren und auf positive Weise neu positionieren.

Gottvater möchte, dass du deine für dich vorgesehene Position auf dieser Erde einnimmst und in deine spezifische Berufung kommst. Deshalb lade ihn ein und bitte ihn um seinen Rat und seine Hilfe, denn dann wird es gelingen und Ewigkeitsbestand haben.

Gottvater hört dir zu, egal, wo du bist. Höre du ihm aber auch zu, denn das ist noch viel wichtiger. Denn er weiß immer, was das Beste ist; er ist allwissend und er hat nur Gutes für dich. Sei einfach sein Kind, denn so ist die wunderschöne, fruchtbare Beziehung mit ihm erfahrbar und überhaupt möglich.

Bitte ihn, dich in deinem Geist und deinem Herzen so sensibel und hörend werden zu lassen, dass du seine Stimme in deinem Inneren wahrnehmen kannst. Und vergiss nicht, seine Worte aufzuschreiben.

Bitte ihn um alles, was du schon ausdrücken und benennen kannst, denn nur wer bittet, dem wird gegeben und der empfängt. Beten bedeutet, Worte zu finden vor Gott. Worte für unser Befinden, unsere Bedürfnisse, unsere Nöte und Ängste, unsere Wünsche und Träume. Es bedeutet, Worte zu finden für andere, für unsere Situationen und Umstände, für unser Umfeld.

Ich habe all die Jahre festgestellt, dass ohne gute, lebendige Kommunikation nichts läuft. Weder bei Menschen noch bei Gott. Alles steht und fällt mit guter oder schlechter Kommunikation.

Werbung, zum Beispiel, ist Kommunikation, die uns auf etwas aufmerksam machen soll. Bücher, Filme, andere Medien – alles Kommunikation.

Aber es scheint, je mehr Kommunikationsmöglichkeiten sich um uns herum bilden, desto sprechfauler und wortkarger werden wir. Gespräche per Telefon, um nur ein Beispiel zu nennen, werden durch Textnachrichten ersetzt.

Was ist da passiert?

Sich auszutauschen und mitzuteilen, für sich selbst und seine Werte einzustehen und zu argumentieren, ist äußerst wichtig und ein Teil von uns.

Ich hatte früher keine Worte für mich. Worte und Argumente zu finden, fiel mir sehr schwer.

Ich war oft nur Ja- oder Nein-Sager. Ich hatte kaum eine eigene Meinung, hatte Angst vor Ablehnung und Konflikten. Ich wollte nicht negativ auffallen. Also hielt ich lieber den Mund. Damit ersparte ich mir zwar viel Ärger und viele Diskussionen, aber wirklich tiefe Beziehungen und ein echtes Miteinander waren nicht möglich. Doch mit der Beziehung zu Jesus und Gottvater fing alles an. Er half mir, Worte zu finden, zu reden, mich mitzuteilen, zu mir zu stehen.

Als ich erst einmal damit angefangen hatte, hörte ich nie wieder auf, mit ihm zu reden, ihn zu bitten und ihm zuzuhören, wenn er etwas sagte. Gottvater und Gebet sind für mich mein Ein und Alles geworden. Es war nicht immer leicht, aber zu sehen, wie er mich und mein Leben veränderte und heute noch verändert, hat mir enorm viel Freude gebracht und tut es immer noch.

Wenn unser Leben zu einem einzigen Gebet geworden ist, haben wir alles, was wir brauchen.

KAPITEL 16

Lebe geliebt

Diese zwei Wörtchen haben es in sich.

Lange habe ich mich damit beschäftigt und tue es noch.

Was bedeutet es, geliebt zu leben?

Für mich, mein Leben und für die Menschen in meinem Umfeld?

Wie kann unser Leben aussehen, wenn wir lernen, geliebt zu leben?

Was für Auswirkungen hat das? Ich glaube, es sind grandiose, entspannende Auswirkungen!

Unsere Seele hat in vielen Bereichen eher gelernt, ungeliebt zu leben und zu reagieren.

Angst, Leistungsdruck, Scham, Erwartungen, Panik, Rückzug, Depression, Aggression, Bestätigungssucht und anderes mehr beschweren unser Leben in vielen Situationen und wirken sich ständig behindernd und zerstörend darauf aus.

Aber Abba Vater möchte uns *gesund lieben*. In das Leben hinein lieben. Das heißt, dass er uns in all unserem Mangel so sehr mit SEINER wahren, gütigen, himmlisch kreativen LIEBE beschenken und ermutigen will, bis alle Angst und jedes Minderwertigkeitsgefühl verschwindet und wir in der Identität eines geliebten, gewollten Königskindes leben können. Bis wir als Gottvaters unsträfliche, unanklagbare Tochter und Sohn leben können (siehe 1Kor 1,4–9).

Gottvater nimmt dich vollkommen an, egal, was du getan oder versäumt hast oder noch tun wirst.

Du musst dein Leben also nicht selber auf die Reihe bekommen, Gott kümmert sich darum, aus Gnade und zur rechten Zeit. Er schenkt es als Vater, der sein Kind beschenkt. Das tut er, damit wir uns nicht rühmen (siehe Eph 2,9). Dieses »nicht rühmen« ist etwas vollkommen Positives. Sich nicht zu rühmen hat nichts damit zu tun, dass wir keine Komplimente annehmen dürfen oder uns über Geleistetes oder Erreichtes nicht freuen dürfen. Es geht vielmehr darum, dass wir uns selber schaden, wenn wir seine Geschenke gedanklich mit unserer eigenen Leistung verknüpfen. Uns bewusst zu bleiben, dass alles aus ihm und seiner Liebe und Gnade kommt, lässt uns nah bei ihm, in seinem Schutz und seiner Versorgung bleiben, wo er sich um uns kümmern kann.

Er schenkt uns das Wollen und das Vollbringen (siehe Phil 2,13). Er ist unser Vollbringer. Wir können nichts weiter tun, als ihm unser Herz bereitwillig hinzuhalten und Ja zur Hilfe und zur Veränderung zu sagen.

Geliebt zu leben ist nichts, was über Nacht erlernt werden kann, vielmehr ist es ein Prozess, der allmählich unser Herz und dadurch unser Leben verändert.

Nicht das, was ich fromm vor Gott und der Welt tue, ist wichtig, sondern das, was in meinem Herzen an Veränderung geschieht, weil ich Gott an meine innersten Schmerzpunkte lasse.

Ein Geliebter weiß um seinen Wert, muss sich nicht beweisen, liebt Gott und das Leben, sich selbst und andere. Er kann still sein, Grenzen setzen und Nein sagen, und alles dient ihm zum Besten.

Sprich mal:

»Ich bin geliebt, einmalig und wertvoll, und das ohne jegliche Leistung, auch dann, wenn ich aus der Reihe tanze, anders und nicht perfekt bin. Abba-Vater, ich bin von dir geliebt. Ich bin durch dich, Jesus, Gottvaters Kind, trotz meiner Schwächen, Fehler und Begrenzungen. Ich erlaube dir, Vater im Himmel, mich gesund zu lieben.«

Geliebt zu leben heißt …

… in der Kindschaft zu Gottvater zu leben und nicht mehr als Knecht. Sein schützender himmlischer Liebesmantel umhüllt dich alle Tage deines Lebens, auch wenn du ihn gerade nicht spürst.

… Kind zu werden in deinem Herzen, Fühlen und Denken. In einen kindlichen Geist zu leben bedeutet auch, hilfebedürftig zu sein und Gottvaters Hilfe anzunehmen, um in seiner Liebe heil zu werden.

… ihn ABBA, Papa, Papi oder Vati zu nennen, damit er unseren Mangel an Liebe des inneren Kindes in uns ausfüllen kann.

… sich bewusst zu werden über die eigene Hilflosigkeit und Bedürftigkeit und darüber, dass wir in allem Hilfe, Anleitung und Führung von ihm brauchen.

… dir täglich bewusst zu sein, dass du geliebt, gewollt, angenommen und gut genug bist. Du kannst alle Masken fallen lassen, hinter denen du dich zu verstecken versuchst. Ängste und Peinlichkeiten dürfen ehrlich offengelegt werden.

Geliebt zu leben heißt …

… zu vertrauen und nicht länger zu misstrauen, weder Gott noch Menschen.

… nicht mehr an Verletzungen und Skepsis festzuhalten, sondern Vergebung dir selbst und anderen gegenüber voll auszuleben. Wer sich das eigene Unrecht vergibt, vergibt auch anderen. Das heilt Herzen und Beziehungen. Vergebung ist gelebte Liebe.

… seiner Liebe zu dir und den persönlichen Worten des Vaters an dich vertrauen zu lernen und in beidem zu ruhen und dadurch ruhig zu werden; dich selbst zu lieben und dich mit deinen Schwächen und Fehlern anzunehmen. Sage dir: »Nur bei Gott komme ich zur Ruhe.« Du bist wertvoll – Gott liebt dein SEIN, nicht deinen Schein.

… dich selbst, deine Seele und deinen Körper zu lieben, zu pflegen und dir selbst Gutes zu tun. Öfter mal Pausen einzulegen, Grenzen zu setzen. Eis essen gehen. Ein Hobby auszuüben, das dir Spaß macht. Etwas zu tun, was du schon immer tun wolltest, nur für dich. Dich durch Kreativität und andere Dinge selbst zu finden. Nimm dir Zeit, um glücklich zu sein, und lerne zu genießen.

… sich in den eigenen Schwächen und Fehlern zu umarmen und anzunehmen, denn das entspannt. Liebevoll, barmherzig, geduldig und vergebend zu dir selbst zu sein.

… die eigenen Ecken und Kanten anzunehmen und sie nicht schnellstmöglich beseitigen zu wollen. »Du sollst deinen Nächsten lieben ›**wie dich selbst**‹, so handelt ihr recht« (Jak 2,8).

… Liebe, Hilfe, Komplimente und Geschenke ohne Scham und Gegenleistung annehmen zu können.

… nicht mehr die Welt retten zu müssen, aber offen zu sein für Gelegenheiten, Liebe zu verschenken

… sich unabhängig von den Meinungen anderer zu lieben. Sei du selbst. Echt und einzigartig.

… sich unabhängig von den eigenen Leistungen zu lieben. Unperfekt zu sein schafft Nähe.

… zufrieden zu sein, auch wenn von anderen weder Lob noch Anerkennung kommen, und zu lernen, dir wie ein Kind alles Lob und alle Anerkennung von ihm, dem Vater, zu holen.

… ABBA-Vater bei allem um Hilfe zu bitten. Einen Wunschzettel zu schreiben ist jederzeit erlaubt.

Angst ist ein Dieb und sie zeugt von Misstrauen. Doch wahre Liebe treibt alle Angst und Unruhe aus.

Auch Unsicherheit führt zu Angst. Wer Liebe, Gnade und Geborgenheit nicht kennt, ist oft sehr unsicher und beunruhigt. Dies spiegelt sich in Perfektionismus, Scham, Zaghaftigkeit, schneller Reizbarkeit und Minderwertigkeitsgefühlen wider. Wer sich der ewigen Liebe Gottvaters sicher geworden ist, dessen Angst ist ausgetrieben. So jemand kann vertrauen, kann geduldig sein, zur Ruhe kommen und Stille genießen. Eine solche Person hat innere Ruhe gefunden. Gottes Gnade bedeutet ihr alles und sie lebt aus seiner unverdienten Gunst, Hilfe, Versorgung und seinen unablässigen Liebesgeschenken.

Geliebt zu leben heißt …

… dir der Liebe, Barmherzigkeit, Hilfe und Gnade des Vaters durch Jesus gewiss zu sein, auch dann, wenn du dich mal voll daneben benimmst, wenn du tausendmal am Tag sündigst oder wenn von anderen negative Kritik kommt und sie deine Liebe nicht wie erhofft erwidern.

… dich für deine Fehler und Sünden nicht selber anzuklagen oder zu verdammen. Jesus ist dafür gestorben!

… dir einzugestehen, dass du nicht perfekt bist und nicht perfekt sein musst. Auch dafür ist Jesus gestorben! Für andere gilt das Gleiche: Sie müssen nicht perfekt sein und sind es auch nicht.

… inneren Frieden zu haben, auch wenn Nöte und Niederlagen kommen und nicht alles perfekt läuft.

Geliebt zu leben heißt …

… in der Liebe und Gnade Gottvaters zu uns Gelassenheit zu entwickeln und loslassen zu können. Emotionen vor ihm rauszulassen ist wichtig, heilsam und richtig. Es zeugt von einer guten, gesunden Beziehung. Sich mit ihm auseinanderzusetzen, vor ihm zu weinen, zu stampfen und zu schreien ist somit erlaubt. Er wünscht sich ein Gegenüber; er will sein Kind vor sich sehen, keinen religiösen, scheinheiligen Knecht oder gefühllosen Roboter.

… dich selbst nicht ständig zu wichtig zu nehmen, denn ABBA-Papa nimmt dich ja schon wichtig.

… Erfolge zu feiern, ohne überheblich und prahlerisch zu werden.

… es auszuhalten, mal einige Zeit nicht im Mittelpunkt zu stehen, zu lernen, im richtigen Augenblick zurücktreten zu können. Und über sich selbst lachen zu können.

… sich durch die Andersartigkeit, Position oder den Erfolg anderer nicht minderwertig oder bedroht zu fühlen oder sich davon einschüchtern zu lassen.

… andere lieben und annehmen zu lernen, ohne den anderen in seiner Persönlichkeit zu beurteilen.

… vergeben zu können und wohlgesinnt zu leben, weil ja auch uns vergeben wurde und dauerhaft Wohlwollen entgegen gebracht wird.

… sich nicht mehr mit anderen vergleichen zu müssen.

… die eigene Sicherheit nicht mehr in Geschäftigkeit, Tüchtigkeit und perfekter Leistung zu suchen, sondern zu lernen, mehr »zu sein« als zu tun. Sei Maria und nicht Martha. Mach dich von dem Anspruch los, etwas erfüllen zu müssen.

… den Dienst, die eigene Arbeit, »Gutes zu tun« nicht als Aufwertung des eigenen Selbstwertes zu sehen.

… die wahre Lebenserfüllung und Ruhe in der tiefen Beziehung zum ihm, dem Vater, zu Jesus und dem Heiligen Geist gefunden zu haben. Wenn wir aufhören, uns abzustrampeln, kann Gott Neues bewirken.

Geliebt zu leben heißt aber auch …

… in den geistlichen Früchten – Liebe, Friede, Freude, Güte, Treue, Geduld, Freundlichkeit, Sanftmut, Selbstbeherrschung – zu wachsen und zu reifen. Mach dir dabei bewusst, dass Gottvater selbst so ist. Er ist voller Liebe zu dir, hat Frieden und Freude, ist gütig, treu, geduldig, freundlich, sanftmütig und gelassen. Und er liebt dich mehr, als du je begreifen wirst.

Geliebt zu leben heißt …

… überzufließen, von der Liebe Gottvaters zu dir gesättigt zu werden und sie zu anderen weiterfließen zu lassen. Für andere immer wieder in Liebe da zu sein, ohne Angst zu haben, selbst zu kurz zu kommen. Denn du weißt, dass der Vater für dich sorgt. Du hast gelernt, anderen Grenzen zu setzen, aber auch dir selbst, denn du hast auch gelernt, auf dich selbst zu achten. Weil du dich liebst, nimmst du ausgewogene AUSZEITEN beim Vater, verbringst schöne Zeiten mit deinem Ehepartner, pflegst Freundschaften, gönnst dir Freizeit und pflegst Hobbys, die dir Spaß machen und Zeiten der Ruhe und Entspannung bieten. Bleibe also in der Liebe Gottvaters zu dir.

Lerne, diese wunderbare Liebe zu empfangen und sie zu genießen. Lerne, auch wieder von Menschen geliebt zu werden und diese Liebe zu erwidern.

So werden Herzen heil, Visionen und Träume verwirklichen sich, und vielleicht stellt sich ein Hobby sogar als deine Berufung heraus.

Wer nicht genießt, wird ungenießbar. Wer sich selbst nicht liebt, kann auch andere nicht lieben.

Erforsche und finde mit dem Heiligen Geist nun weiter täglich für dich selbst heraus, was es heißt, geliebt zu leben. Lass deine Entscheidungen deine Hoffnungen widerspiegeln und nicht deine Bedenken und Ängste.

Lerne Tag für Tag, Gottvater zu vertrauen, gib nicht auf und denke bei allem daran:

Geduld ist das Gottvertrauen, dass alles in Ordnung kommt, wenn die Zeit dafür reif ist.

Und wir haben die Liebe erkannt und geglaubt, die Gott zu uns hat. Gott ist Liebe, und wer in der Liebe bleibt, der bleibt in Gott und Gott in ihm.
– 1. Johannes 4,16 SLT

Du bist geliebt, gewollt und angenommen.

Gottvater wird alle Veränderung in dir wirken und schenken, denn du bist gerecht gemacht.

Suche seine Gegenwart und freue dich an dieser himmlischen Beziehung. So wird er dir geben, was du möchtest. Er sieht dein Herz und freut sich über alle Maßen an dir.

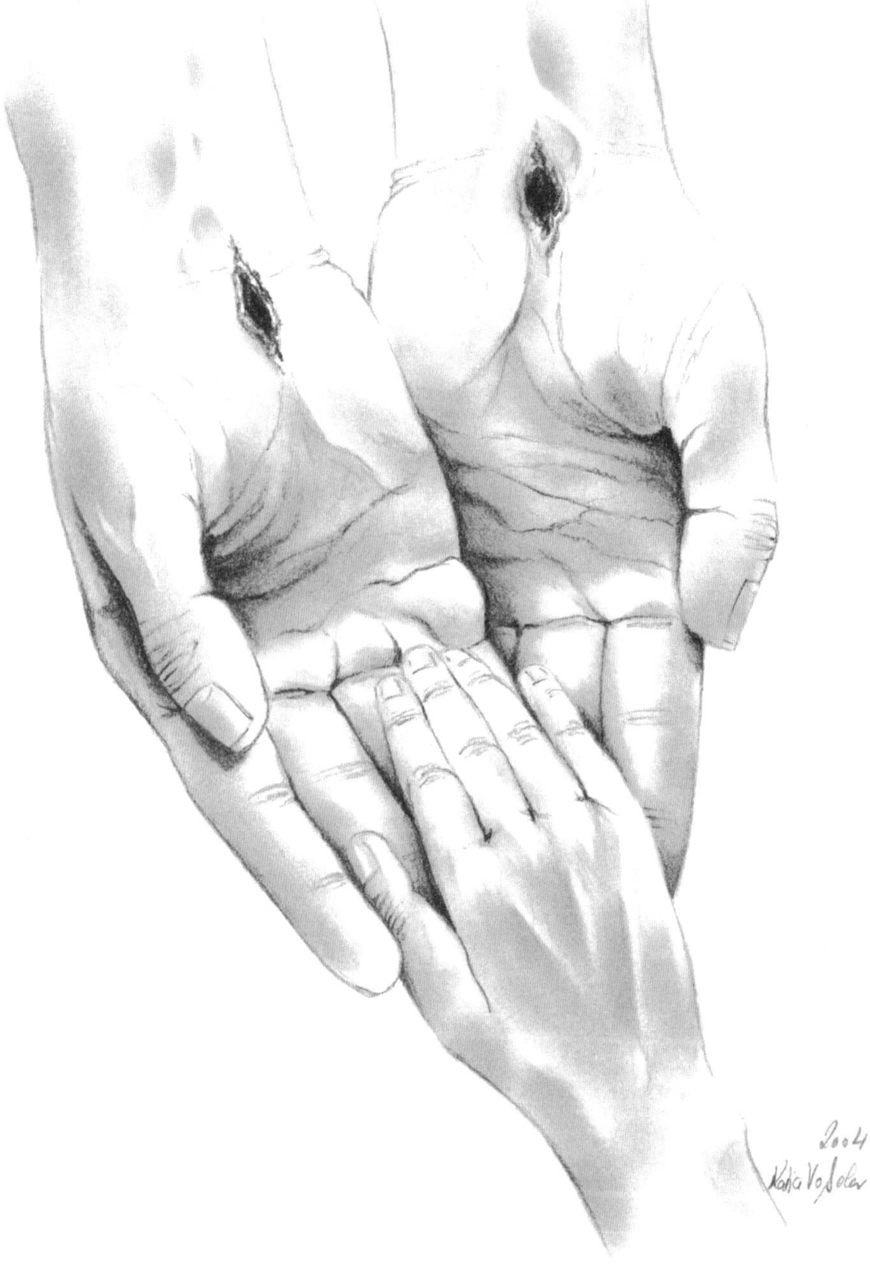

KAPITEL 17

Dankbarkeit – ein reifer Lebensstil

Ein Gebet, das zum Nachdenken anregen soll.

»Wir wissen aber, dass uns alles zum Besten dient« (siehe Röm 8,28). Dankbarkeit lässt uns alles mit neuen Augen sehen.

DANKE, GOTTVATER,

für alle guten Gaben und für alles Schöne, das du mir täglich schenkst. Und danke, dass du alle traurigen und schmerzhaften Situationen in meinem Leben für mich zum Besten zusammenwirken lässt. Danke für deine wunderbare Gnade und deine große, ewige, gütige Liebe zu mir, auch wenn ich nicht alles verstehe. Deine Wege sind unergründlich, und du kannst alles nehmen und zum Besten für mich wenden, wie dein Wort sagt.

Ich danke dir, dass du meiner Seele in allen für mich unerklärlichen, peinlichen, herausfordernden und schmerzhaften Situationen Halt, Schutz und Trost warst und es auch weiterhin bist. Es hat mich in deiner Liebe, deinen geistlichen Wahrheiten trainiert, gelehrt und über meine engen Vorstellungen, Muster und Seelenängste hinauswachsen lassen, sodass ich darin zur vollen Reife heranwachsen konnte.

Ich danke dir für Umstände, in denen Menschen mir durch dich unbewusst weitergeholfen haben, indem sie mich verurteilt und beschimpft haben. Du hast mir in solchen Zeiten die Kraft der Wahrheit gezeigt, die darin liegt, mich nicht nach (ver-)urteilenden Menschenworten zu richten, sondern mich einzig an deine Worte der Liebe und bedingungslosen Annahme zu halten. Denn in deinen Augen bin ich wertvoll und einzigartig.

Ich danke dir für alle Erlebnisse und Umstände, bei denen Menschen nicht an mich geglaubt haben. Dabei durfte ich erfahren, dass du zu mir stehst, meine Ermutigung, Geduld, Kraft, Ausdauer und wahre Hilfe bist und Berge versetzen kannst.

Wenn Menschen mich abgelehnt und abgeschrieben haben, hat das meinen Mut geweckt und mich zum Überwinder und Kämpfer ausgebildet, denn ich bin in Gottvater ewiglich angenommen, geliebt und gewollt (siehe Röm 8,37 und Offb 3,5).

Wenn sie mich missbraucht und verraten haben, hat mich das nur noch mehr in meinem Vertrauen auf dich verwurzelt, denn du bist mein Schild und Schutzwall (siehe Ps 91).

Wenn sie mich in ihr System, ihre Enge oder ihr Schema pressen wollten, hat mich das den Wert der Freiheit und der Weite in dir gelehrt, denn wo der Geist Gottes ist, da ist Freiheit (siehe 2Kor 3,17).

Wenn sie mich verunsichert haben und verwirren wollten, hast du mir dadurch meinen Standpunkt deutlich gemacht und mich noch mehr auf dich bauen lassen.

Wenn sie mich verlassen haben, hat mir das Raum für Neues gegeben, mich loslassen gelehrt, mir geholfen, meine Heimat in dir zu finden und einfach weiterzugehen, denn du verlässt mich niemals (siehe Jos 1,5).

Wenn sie mich verletzt haben, konnte ich daraus lernen, dass ich es selbst in der Hand habe, inwieweit ich mich verletzten lasse. Ich habe dabei zu vergeben gelernt. Ich habe gelernt, mich in meinem Schmerz in dir, Gottvater, zu bergen und an deiner wahren Liebe festzuhalten, und ich durfte in der Liebe und Geduld anderen gegenüber wachsen (siehe 1Thess 3,12).

Wenn sie meine Grenzen verletzt und meinen Frieden gestört haben, hast du mich darin ermutigt, stärker Grenzen und Prioritäten zu setzen und allein in dir Frieden zu finden.

Wenn sie mich als wertlos angesehen und verächtlich behandelt haben, wurde mir durch dich, Jesus, mein einzigartig kostbarer Wert als dein geliebtes Kind bewusst und auch, wie kostbar und wertvoll andere sind, denn du krönst mich – uns alle – mit deiner Liebe, Gunst und Gnade und verachtest weder mich noch andere.

Danke, dass du mich durch meine eigenen Fehler gelehrt hast, dass diese nur dem Lernen dienen und ich mich nicht selbst verdammen muss. Du veränderst mich so, dass ich besser reagieren kann. Du vergibst mir gerne und ich darf lernen, mir auch selbst zu vergeben, denn ich bin gerecht gemacht durch dich, Jesus (siehe Röm 8,1; Kol 2,13–14; Kol 1,22 und Hebr 8,12).

Ich danke dir, meinem lieben Vater, Retter, Helfer, Bräutigam, Seelsorger, Arzt und besten Freund, dass du mir gezeigt hast, dass ich ein Mensch mit Stärken, aber auch Schwächen und Fehlern bin, der andere manchmal unbewusst vor den Kopf stößt und verletzend sein kann.

Danke, dass du mir gezeigt hast, dass ich selbst bestimme, wie tief mich andere verletzen. Dass das Verhalten anderer mir gegenüber nicht immer etwas mit mir zu tun haben muss, sondern auch in ihren Ängsten, Lernprozessen und Lebenssituationen begründet sein kann, und dass ich manchmal vielleicht auch einfach zu hohe Erwartungen an sie habe.

Danke, dass du mein Vollender bist, in allen Situationen meines Lebens. AMEN.

Uns dient einfach alles zum Besten, wenn wir uns darauf einlassen und dazulernen wollen.

Leben bedeutet lieben lernen. Reif zu lieben bedeutet freizulassen. Loszulassen – so wie Gott es tut, der die Liebe selbst ist, der uns aber unseren freien Willen lässt, sodass wir selbst entscheiden können, ob wir ihm nachfolgen wollen oder nicht.

Ich dufte lernen, dass mein Glück nicht von Menschen, ihrem Verhalten oder von Umständen abhängt, sondern dass ich in allem meinen Frieden und mein Glück in Gottvaters Liebe zu mir finden kann.

Unsere Reaktion auf die Umstände bestimmt unsere Zukunft. Denn wie ein Mensch in seinem Herzen denkt, so ist er [und handelt er] (siehe Spr 23,7). Aber Papa hilft dir gerne bei all dem.

Vor allem möchte ich dich, liebe Freundin, lieber Freund, ermutigen, in Gottvaters Liebe dein ewiges liebevolles Zuhause zu finden, das du durch Jesus bereits hast und in das er dich Stück für Stück tiefer hinein führen wird. Die seelische Heimatlosigkeit, die uns rastlos und traurig macht, kommt bei ihm zur Ruhe und ist in ihm gestillt, je mehr wir ihm vertrauen. Denn er ist unsere ewige Heimat und unser Zuhause. Da, wo dein Schatz ist, sind dein Herz und dein Zuhause (siehe Mt 6,21). Denke immer gut von dir, denn dein himmlischer Vater, der dich liebt, tut es auch. Du bist von königlichem Blut und Geschlecht, und durch Jesus vollkommen und gerecht gemacht, vergiss das nie.

Ich wünsche dir von Herzen, dass du seine Liebe in ihrer ganzen Höhe, Tiefe und Breite erfährst, in allen Bereichen deines Lebens. Wenn du ihn in alle Bereiche hineinlässt, kann er dort, wenn du es ihm erlaubst, in seiner ganzen Größe liebevoll Veränderung und Erneuerung schenken. Wenn wir uns und ihm eingestehen, dass wir schwach sind und IHN in allem brauchen, kann er in uns stark werden (siehe 2Kor 12,9). Deine Entscheidung, dein Ja dazu, ist das, was alles verändert und alles zu dir fließen lässt, was Gott für dich bereitet hat. Denn die Kraft, dich selbst und andere wahrhaftig lieben zu können, kommt davon, dass du die Liebe vom himmlischen Vater selbst mehr und mehr empfangen und dadurch auch glauben kannst.

Lerne, dich auf seine Liebe zu dir zu verlassen. Doch hab auch Geduld mit dir. Denn ABBA-Papa hat auch Geduld mit dir, er schaut dich voller Freude und Liebe an. Er küsst dich morgens wach und wiegt dich abends liebevoll in den Schlaf.

Er sorgt sich um dich und trägt dich, wenn du nicht mehr kannst. Er ist sprachlos ergriffen von deiner Schönheit und deinem Vertrauen zu ihm. Er wird dein Vertrauen, auch wenn es noch klein ist, wachsen lassen. Klettere auf Papas Schoß, nimm täglich neu seine Hand und gehe mit ihm weiter. »Vertraue auf den Herrn [Gott, deinen dich liebenden allmächtigen Vater] mit deinem ganzen Herzen und stütze dich nicht auf deinen Verstand [deine Logik, dein Wissen]!« (siehe Spr 3,5). Glaube ABBA-Papa einfach nur.

Gottvater völlig zu vertrauen, bringt uns an den Ort des Friedens und der Ruhe. Im Glauben geht es immer wieder nur um das eine: Gott in allem zu vertrauen. Ja, man kann sogar das Wort Glaube durch das Wort Vertrauen ersetzen, und es hat dann sogar eine noch größere Wirkung. In der Bibel steht ein Satz, der mich immer sehr beruhigt: »Durch Umkehr [von Misstrauen] und durch Ruhen [im Vertrauen] werdet ihr gerettet. Im Stillsein und im Vertrauen ist eure Stärke« (siehe Jes 30,15).

Ich wünsche dir, und bete, dass dein Vertrauen zum Papa im Himmel wächst und du voller Ruhe im Vertrauen auf ihn dein Leben mit ihm genießen kannst. Lass dir durch die Lügen des Feindes nicht die Freude am Leben rauben. Du lebst, um die Liebe, die Gnade, die Tröstungen, Vergebung, Hilfe, Heilungen, Ermutigung und die reichen Segnungen Gottvaters zu empfangen und davon heilsam überzulaufen, wie ein Fass voll Wasser überläuft. Jesus starb dafür, und seine Gnade ist immer größer als alle unsere Sünden. Entspannung für unsere Seele und Ruhe liegt in der tiefen Beziehung zum dreieinigen Gott. Abba-Vater, Jesus, dein Bruder und Bräutigam, und der Heilige Geist, den ich Mama Ruach nenne. *Ruach* ist hebräisch und wird »die Ruach« (Geist, Wind) genannt, also in der weiblichen Form. Jesus hat den Heiligen Geist als weibliches Wesen Gottes benannt. Leider ist die Ruach in den Schriften mit den Jahren vermännlicht worden. Gott ist also die ursprünglichste Form von Familie, die es gibt. Weil er weiß, dass wir als Menschen darin scheitern und leiden, will er uns die Familie sein, die wir nie hatten. Ist das nicht wunderschön? Es ist mein Empfinden, dass Gott uns in unserer Sehnsucht nach liebevollen Eltern begegnen und heilen möchte. In Gottvater, Jesus und dem Heiligen Geist hast du diese mitfühlende, dich wertschätzende himmlische Familie – Vater, Mutter, Bruder –, die dich unterstützt, beschützt, nie verlässt, nie verurteilt und dich nie ablehnt. Sie sind dein ewiges liebevolles Zuhause, das du überall dabei hast, egal, wo du bist.

Sei herzlich umarmt.

GEBET:

Jesus, ich brauche deine Hilfe. Bitte komm noch stärker in mein Leben und führe mich ans Vaterherz Gottes. Heiliger Geist, komm und sprich die Wahrheit der Liebe Gottvaters in mein Herz. Liebster Papa im Himmel, bitte liebe mich gesund. Ja, ich bin dein Kind und erlaube dir, mein Vater, Helfer und Gott zu sein. Ich glaube, ich brauche deine Liebe und Hilfe mehr, als ich denke, und deshalb lege ich mein Leben in deine guten Hände. Hilf mir, heil zu werden und dir zu vertrauen, und entlarve die Lügen des Teufels in meinem Herzen. Bitte offenbare mir deine Liebe zu mir so sehr, dass ich nicht anders kann, als dich vor Freude, Dankbarkeit und aus großem Respekt vor deiner Gnade, Herrlichkeit und Allmacht zurückzulieben. AMEN.

Zum Schluss noch zwei Buchempfehlungen von mir. Beide Bücher sind sehr hilfreich, wenn du mehr über das liebende Vaterherz Gottes und einen kindlichen Lebensstil erfahren möchtest: »Halleluja - es ist nicht zu schaffen!« von Matthias Hoffmann (cap-books Verlag) und »Lebe geliebt, lebe frei« von Connie Witter (Grace today Verlag).

ÜBER DIE AUTORIN

Katja Vosseler ist verheiratet und hat zwei Kinder. Sie ist als freischaffende Künstlerin tätig und malt, formt, schreibt, tanzt und singt. Die Kunstkarten, Herzen, Figuren und Bilder, die sie während ihrer eigenen Heilung und des damit verbundenen Zerbruchs unter Tränen malte und formte, sind im deutschsprachigen Raum schon relativ bekannt. Durch ihre eigene Geschichte – mehrere überlebte Abtreibungsversuche im Mutterleib, sexueller Missbrauch, starke Minderwertigkeitsgefühle und drei Burnouts – hilft sie Frauen, die ähnliche Erfahrungen gemacht haben, durch Gespräche, begleitetes Malen und Gebet. Sie gibt Kurse und Seminare über unsere wertvolle Identität in Gottes Liebe zu uns und über die barmherzige Vaterliebe Gottes, lehrt prophetisches Malen und veranstaltet Ermutigungstage für Künstler und Kreative.

AUSZEITHAUS AMMIEL – URLAUB AM BODENSEE?

Interessierte können in der Ferienwohnung in unserem Haus »Auszeit-Urlaub« machen. Wir wohnen ca. 3 km vom Bodensee entfernt, Nähe Singen, Radolfzell, Schaffhausen (CH) und Konstanz. Die FeWo bietet Platz für zwei Personen. Vorhanden sind Küche, Bad, Wohnzimmer und Schlafzimmer. Alles ist hell und freundlich eingerichtet. Das Umland bietet für Badegäste, Wanderer und Radfahrer viele interessante Freizeitmöglichkeiten. Optional kann gerne ein Tageskurs bei mir gebucht werden, wenn Interesse an einer Auszeit für Geist und Seele, am Kennenlernen der barmherzigen Vaterliebe Gottes oder an prophetischem Malen besteht.

Wir haben einen kleinen Laden vor Ort, in dem viele Werke aus meiner Kunstwerkstatt zu finden sind. Kunstkarten, Figuren, Bilder und anderes können auch über unseren Online-Shop unter ***www.ammiel.de*** erworben werden.

Weitere Informationen, Preise und Fotos sind unter ***www.jesuliebe.de*** zu finden.

Wir freuen uns auf dich!

Du kannst mir/uns auch gerne schreiben: ***info@jesuliebe.de***

Katja und Jürgen Vosseler
Hinter Hof 2 · 78224 Singen/Bohlingen
Telefon +49 (0)7731 24604

Shop: www.ammiel.de

Weitere Bücher über das Evangelium
der Gnade und Lese- bzw. Hörproben
findest du auf **gracetoday.de**
bzw. auf **youtube.com/gracetoday**